नई फ़सल

कुछ अन्य कविताएँ

नई फ़सल

कुछ अन्य कविताएँ

श्यौराज सिंह बेचैन

वाणी प्रकाशन

प्रकाशन के उत्कृष्टतम 62 वर्ष

सजिल्द प्रथम संस्करण : 2014
सजिल्द द्वितीय संस्करण : 2025

vaniprakashan.com

वाणी प्रकाशन

4695, 21-ए, दरियागंज, नयी दिल्ली-110 002

फ़ोन : + 91 11 23273167, 23275710

शाखाएँ

अशोक राजपथ, पटना-800 004, बिहार

कॉफ़ी हाउस कैम्पस, महात्मा गांधी मार्ग, प्रयागराज-211 001, उत्तर प्रदेश

महात्मा गांधी अन्तरराष्ट्रीय हिन्दी विश्वविद्यालय, वर्धा-442 001, महाराष्ट्र

sales@vaniprakashan.in
vaniprakashan@gmail.com

Nai Fasal
Kuchh Anya Kavitayen
by Sheoraj Singh Bechain

ISBN : 978-93-5072-755-3
Poetry

मूल्य : ₹ 395

जी.एस. ऑफ़सेट, दिल्ली-110 095 में मुद्रित

वाणी प्रकाशन का लोगो मक़बूल फ़िदा हुसैन की कूची से

समर्पण

'आचार्य प्रेमपाल सिंह यादव 'प्रेम' द्वारा पढ़ाई प्रोत्साहन को, कामरेड दूल्हा खां द्वारा बदलाव के सपनो में ले जाने को और का. भगवान दास शर्मा की छत्रछाया को।

–श्यौराज सिंह बेचैन

अनुक्रम

भूमिका
प्रथम संस्करण से

श्यौराज सिंह बेचैन एक प्रतिबद्ध राजनीतिक कार्यकर्ता हैं। पश्चिमी उत्तर प्रदेश के किसान आन्दोलन में लम्बे समय से ख़ासतौर पर सक्रिय रहे हैं। चौधरी महेन्द्र सिंह 'टिकैत' के किसान संघर्षों में ग्रामीण समाज की वंचित जातियों और भूमिहीन मजदूरों की भूमिका को सुनिश्चित करने और इस प्रकार इस आन्दोलन को संकीर्ण होने से बचाने में उनकी एक खामोश लेकिन महत्त्वपूर्ण भूमिका रही है। उनके पास दुनिया और अपने समाज को देखने तथा अन्तःसम्बन्धों को समझने की एक विशिष्ट विज्ञानसम्मत दृष्टि है जिसे व्यावहारिक अनुभवों ने और भी समृद्ध किया है। 'नई फ़सल' उनके इसी राजनीतिक व्यक्तित्व की रचनात्मक अभिव्यक्ति है।

'नई फ़सल' की कविताओं को कलात्मक कसौटियों पर कसना एक ज्यादती होगी, क्योंकि वे एक सतत कार्यकर्ता की कविताएँ हैं और इनका उद्देश्य अपने कार्य और अपनी दृष्टि दोनों का प्रसार करना है। अपने पाठकों के बारे में श्यौराज सिंह साफ हैं—वे गाँव के किसान मजूर हैं। शहरों में पढ़े-लिखे, अनपढ़, कुजात कहलाने वाले उत्पीड़ित तबकों के लोग कारीगर, फैक्ट्री मजूर हैं। श्यौराज सिंह उनके बारे में भी बिल्कुल साफ हैं, क्योंकि अपनी अब तक की उमर का काफी हिस्सा उन्होंने उन्हीं के साथ, उन्हीं की तरह ही बिताया है। इस संग्रह में उनकी कोशिश यही है कि इन अपने लोगों तक वे उस समझ को भी पहुँचा सकें जो उन्होंने अपने राजनीतिक कार्य के दौरान अर्जित की है और जिसके बगैर शोषण से निजात पाना मुमकिन नहीं है। यही वजह है कि ये कविताएँ 'नेल्सन मंडेला' से लेकर भगत सिंह तक के बारे में अफ्रीकी रंगभेद व विश्वयुद्ध के विरोध में, भारत की आज़ादी के बारे में और अत्याचार से लेकर मुक्ति के बारे में समान अधिकार और सन्तुलित विवेक से बात करती हैं—कभी गीत के रूप में, कभी खुले उड़ते छन्दों में।

पूरी उम्मीद है, ये कार्यकर्ता कविताएँ जरूर अपने पाठकों तक पहुँचेंगी।

वीरेन डंगवाल

हिन्दी विभाग, बरेली कॉलेज, बरेली

कवि की ओर से

'नई फ़सल' में मेरे अधिसंख्य गीत और कविताएँ उन दिनों की उपज हैं जिन दिनों मैं चन्दौसी के एस.एम. कालेज से बी.ए., एम.ए. करने के साथ-साथ छात्रों, किसानों और दलितों के बीच सार्वकालिक सानाजिक कार्यकर्ता के रूप में एक बेहतर सपना लेकर काम कर रहा था।

ये गीत-कविताएँ मैंने अपने कालेज में, दलितों के कार्यक्रमों में और किसानों के बीच बार-बार सुनाईं। इनकी माँग अकादमिक दुनिया में प्रवेश करने पर भी बनी रहीं, पर मैं इस संग्रह के पुनःर्प्रकाशन के प्रति उदासीन बना रहा। कारण मोटे तौर पर कई रहे—एक तो जैसा कि आदरणीय डॉ. वीरेन डंगवाल ने भूमिका में कहा था कि— 'ये एक कार्यकर्ता की कविताएँ हैं—किसान-मजदूर जात-कुजात कहे जाने वालों के बारे में हैं...।' तो मन में एक एहसासे कमतरी घर किए जा रहा था कि अब जब मैं साहित्य नामक भाड़ में आ गिरा हूँ तो अकेला बना रहकर भाड़ नहीं फोड़ सकता। मैं नई दुनिया में दाखिल हो रहा हूँ तो इनके लिए गीत कविताएँ भी अलग तरह की होनी चाहिए, जबकि जीवनानुभवों से जन्मी रचनाओं की तुलना में साहित्य अभ्यास की रचनाओं की सार्थकता कम होती है। कविताएँ तो कमोवेश मैं लिख ही रहा था, पर डायरियों में लिख— कर छोड़ रहा था। 1995 में रजत रानी 'मीनू' ने हिन्दी अकादमी, दिल्ली को मेरी कविताओं की एक पाण्डुलिपि डायरियों से खुद उतार कर आखिरी दिन भिजवाई थी और वे ही जेएनयू में अपने कवि गुरु श्री केदारनाथसिंह के पास भूमिका लिखाने के लिए पाण्डुलिपि लेकर गईं थीं। वही संग्रह 'क्रौंच हूँ मैं' शीर्षक से छपा था। दूसरे मैं दलित मुद्दों की गम्भीर बहस में शामिल होने लगा था। पत्र-पत्रिकाओं में लिखने-छपने लगा था। अमर उजाला, राष्ट्रीय सहारा, हिन्दुस्तान, जनसत्ता, हंस आदि में रचनात्मक योगदान करने लगा। गद्य में मैं अखबारी लेखन के साथ-साथ कथात्मक लेखन में लग गया। दिल्ली आने के बाद और अधिक लिखने लगा। अपने अनुभव के आस-पास को कहानियों में समेटने का प्रयास करने लगा। फलतः आत्मकथा 'मेरा बचपन मेरे कन्धों पर' के रूप में एक भाग पाठकों की सेवा में प्रस्तुत कर सका। 'भरोसे की बहन' शीर्षक से कहानी-संग्रह भी वाणी प्रकाशन से आया। 2006 से 2009 तक तीन साल एडवांस स्टडी शिमला में बतौर फैलो रहते हुए निर्धारित शोध कार्य करने के साथ-साथ

कविताएँ भी लिखीं। पर छपने नहीं भेजीं। अब जब हर काव्य आयोजन में मुझे 'नई फ़सल' के गीत गाने पड़े ,और शिक्षक साथियों तथा शोधार्थियों के लिए संग्रह की प्रतियां मेरे पास नहीं हैं और मित्रों का आग्रह कि 'छपवाते क्यों नहीं हो?' ये रचनाएँ जिन के बीच रह कर लिखीं और गाई गईं, आज मैं उन्हीं मित्रों के बीच होकर लौटा हूँ।

यह सुन्दर संयोग बना, पुराने साथी डॉ. राकेश रफीक और डॉ. मीनाक्षी 'सखी' की बेटी डॉ. झरना-रक्षित की शादी का। कल 15 फरवरी को डॉ. रजत रानी मीनू और मैं सांय चार बजे जलेसं के संयोजक साथी मुशर्रफ अली के घर मुरादाबाद पहुँच गए। तीन घंटे वहां ठहरे, सात बजे, मुशर्रफ और शहनाज भाभी को साथ लेकर हम बिलारी पहुँच गए। राकेश ने अपने अति आत्मीय मेहमानों से मेरा परिचय कराते हुए कहा– ये श्यौराज हैं, हमारे पुराने साथी। आज कल ये दलितों के बहुत बड़े लेखक हैं।' यानी मैं लेखक तो हूँ पर केवल दलितों का जैसे अम्बेडकर बड़े नेता तो हैं पर अछूतों के। मैं गैर-दलितों का छोटा भी लेखक नहीं हूँ। राकेश की जुबान से निकली बात बहुतों की बात है। गैर दलितों के सोच समझने वालों में भी दलित लेखकों को लेकर यही धारणा प्रचलित है। जातीय वैविध्य वाले हमारे देश में यह धारणा सच है। पर यह दलितों के लिए ही नहीं है। बल्कि भारत में लेखक-मात्र जातिसमूह के ही लेखक होते हैं। सब का कोई नहीं है। अस्पृश्यता का व्यवहार करने, बहिष्कार करने वाले, दलितों को वस्ती से बाहर रखने वाले, उनके दुखों-सुखों में शामिल न रहने वाले दलितों के लेखक होने के दावे नहीं कर सकते। तो मैं अर्ज यह करना चाहूँगा कि सत्य तथ्य को समझते हुए सम्पूर्ण भारतीय हिंदू साहित्य का चाहे वह किसी भी वाद के लबादे में हो उसका जातिवार, अध्ययन होना चाहिए।...

बात करली जाए विवाह कार्यक्रम की तो वह तो परम्परागत ही नहीं। बल्कि जे.पी. आन्दोलन और छात्र संघर्ष वाहिनी से निकले राकेश-मीनाक्षी दम्पत्ति ने अपने और हमारे लिए परंपरागत विवाहों का जो वैकल्पिक सहजीवन घोषणा का रास्ता निकाला था, एक ही पीढ़ी में ही हम 'लौट के बुद्धू घर को आए वाली बात हो गई।' या कहें की गई भूलों का सुधार कर लिया अथवा हम सांस्कृतिक सुधार की लड़ाई हार गए अथवा हम डा.राकेश और डॉ. मीनाक्षी जैसे नेता नहीं हैं। हम उन्हें समझ नहीं पाए, कहनें वालों ने कहा होना यही था। तुम सब तो यूं ही बहकाए थे? पद्धति वही थी जिसके खिलाफ राकेश-मीनाक्षी अब तक बोलते रहे। कैसी सोच थी सुहाग के प्रतीक चिह्नों को देख कर तो मीनाक्षी आग बबूला हो जाया करती थीं। उन्होंने हमारे आमंत्रण पत्र में भी यह बात लिखाई थी कि आमंत्रित गण कोई उपहार न लाएं। 'मीनू' के परिवार में यही एक एक्शन कलह का बड़ा कारण बना था। मीनाक्षी आज उन्हीं प्रतीक चिह्नों और प्रदर्शनप्रियता को लेकर उत्साहित थीं? खैर बेटी-दामाद के लिए तो सौ-सौ शुभकामनाएँ बाकी बातें माँ-बाप से होनी

हैं। उपलब्धि यह रही कि इस आयोजन में सिवाय का. भगवानदास शर्मा, अधिकांश पुराने साथियों से मुलाकात हो गयी। प्रतिनिधि के तौर पर किसान नेता अशोक सिरोही, मुन्नासिंह, पत्रकार अवधेश शर्मा, नरेंद्र शर्मा, बीना गुप्ता, कुमार प्रदीप और उनका परिवार, मुन्नालाल शाक्य, रेवाराम-पुष्पा जाटव, वी.के. दत्त, सविता यादव, विजय आलम की पत्नी संगीता सक्सैना, बेटा शनी। इत्यादि को पाकर मैं अपने गुजरे दिनों की यादों से घिर गया था। इस तरह मेरी आत्मपरक कविता की जमीन मानों फिर से उर्वरा हो गई थी। हमने रात के पौने बारह बजे कार्यक्रम स्थल छोड़ा और भारी कोहरा, साँय-साँय करता अँधेरा उसे चीरती हुई गाड़ी में हम मुरादाबाद को लौटे। मुशर्रफ की ड्यूटी शीशे से ओस पोंछते चलना था। ऊपर से भय कि माहौल खराब है। सपा की सरकार है। कहीं कोई लूट-पीट न ले। हम साढ़े बारह बजे जिगर कालोनी में मुशर्रफ के घर आकर रात को ठहर गए। सुबह संयोग से मुशर्रफ के बेटी दामाद आला हजरत ट्रेन से वहां आ गए। मैं बेटे की शादी में तो गया था पर बेटी के विवाह में नहीं जा सका था। सो इस सफर में उनसे मुलाकात एक और उपलब्धि जुड़ी। हमारे पुराने साथी डॉ. इफ्तेख़ार हुसैन से सम्पर्क कट-सा गया था। वे 1984-88 के दौरान सीपीआई से एम.एल.ए. के लिए चुनाव लड़े थे। मैं उनके चुनाव में एक अदना सा पर पूर्ण समर्पित कार्यकर्ता हुआ करता था। बिलारी की नुक्कड़ सभाओं में ही राकेश प्रदीप ने मुझे पहली बार बोलते सुना था। मैं नुक्कड़-नुक्कड़ रिक्शे पर खड़ा होकर प्रचार करता था। डॉ. साहब के पुत्रश्री आशकार अहमद को मुशर्रफ ने इत्तला दे दी थी कि श्यौराज आए हुए हैं। सो वे भी आन मिले। कितना आश्वस्त रहता था मैं कि सब तरह की विषमताएँ हटेंगी और समाजवाद आएगा। 'नई फ़सल' में मेरा कवि हृदय वही तो गाया करता था। इन कविताओं के पीछे की कहानियाँ अनेक हैं, कई तो जीवन स्मृतियों का हिस्सा बन चुकी हैं। मसलन साप्ताहिक दिनमान... में मेरी एक सचित्र कविता छपी थी। उस अंक का अतिथि संपादन श्री हेमवतीनंदन बहुगुणा ने किया था। बुक स्टॉल पर पत्रिका में छपी कविता देखकर मेरी बांझें खिल उठीं थीं। परन्तु पत्रिका खरीदने के लिए मेरे पास पैसे नहीं थे। कल तक सभी प्रतियां बिक जाएंगीं और फिर नहीं मिलेगी। यह जानकर मैं परेशान हुआ। मैंने विक्रेता से पैसे उधार कर लेने का निवेदन किया, पर वह नहीं माना। उसका तर्क था जब आज नकद बिक रही है, तो मैं कल को उधार क्यों दूँ? हाँ, तू कोई चीज जमानत के तौर पर रख दे तो एक के बजाय दो ले जा।'' वह सही था। मेरे पास कुछ नहीं था, न घड़ी न अंगूठी न और कोई चीज। हाँ, गले में पड़े थैले में मेरे दसवीं से लेकर बी.ए. तक के प्रमाण पत्र जरूर थे। क्यों कि मैं एक साक्षात्कार देकर आ रहा था, सो मैंने उससे कहा—'मेरे पास ये कागज हैं।' तो उसने कहा—'इन्हें मेरे पास रख दे और पत्रिका ले जा जब तेरे पास पैसे हो जाएं, तब वापस ले जाना।' मैं देर तक सोचता रहा कि इस शर्त

पर पत्रिका लूँ या नहीं लूँ? आखिर दसवीं का मूल प्रमाण पत्र उसे गिरवी रख कर मैंने पत्रिका ले तो ली पर मेरा दिल इस बात के लिए धक-धक करने लगा कि यह कहीं इधर-उधर न कर दे। पता नहीं कब तक जेब में पैसे आएँगे जो मेरे गिरवी पड़े प्रमाण पत्र की कैद छुड़ाएँगे। मैं पत्रिका बगल में दबाए दुकान से दूर पार्क में डा.अम्बेडकर की प्रतिमा के इर्द-गिर्द घूम रहा था, शाम हो चली थी किसान दफ्तर में दो मुट्ठी चने रखे थे ,उन्हें चाव कर पानी पी लिया था। अब प्रमाण पत्र की चिन्ता लेकर मैं फुटपाथ पर चल रहा था। इत्फाक से मेरा एक मुस्लिम मित्र नूरनबी कहीं से आ गया। हालचाल पूछने लगा परेशानी भी समझ गया। पूछने लगा तो मैंने पत्रिका खोल कर उसे अपनी कविता पढ़वा दी। इस पत्रिका की कीमत मेरे पास नहीं है। एक दो दिन में वजीफा मिल जाएगा। पर फिक्र यह है कि इसके लिए मेरा प्रमाण पत्र दुकानदार की कैद में पड़ा है।' उसने मेरा हाथ पकड़ा और खींचता सा मुझे दुकानदार के पास ले गया और बोला–'अबे भइये हमारे बेचैन साहब की शायरी साया हुई है,कितनी खुशी की बात है मगर तुमने तो रिसाला की कीमत के बदले इनका सर्टिफिकेट ही रख लिया? शायर की जुबान की भी तो कुछ कीमत होती है या नहीं? चलिए छोड़िए अपने पैसे लीजिए और इनका कागज वापस कीजिए...।'' इस तरह मेरा संकट दूर हो सका।

संग्रह के कई गीत-कविताएं मंचों के अलावा रेडियो–रामपुर, दिल्ली और शिमला रेडियो से भी सस्वर प्रसारित होती रही हैं। मसलन एक बार राकेश रफीक ने चौधरी हरपालसिंह के गाँव में एक मीटिंग कराई थी। किसी खेत में यह सभा चल रही थी। कानपुर से एक वामपंथी नेता रविशंकर जी आए थे। उन्होंने रेडियो खोला, तो संयोग से मेरा गीत आ रहा था। मैं सस्वर गा रहा था–''नहीं रहे तो देश की, दरिद्रता नहीं रहे।/आदमी की आदमी से शत्रुता नहीं रहे।/गरज यह कि/तृतीय विश्व युद्ध नहीं चाहिए।/ विश्व की वसुंधरा सुहागनी बनी रहे।'...

तो रविशंकर जी काफी दिन बाद मिले तो हालचाल पूछने के वजाय बनी रहे–बनी रहे,बनी रहे कहते रहे। उन्हीं दिनों एक बार मैं अपनी छोटी बहन मनोरमा को अम्मा के पास से बिलारी लेकर आया था। उस शाम मुझे संगठन के शायद किसान यूनियन के लिए दीवारों पर पोस्टर चिपकाने थे। मनोरमा छोटी थी, वह काम पर मेरे साथ ही चली गई। जिस दीवार पर मैं पोस्टर चिपका रहा था। उस घर के अन्दर एक रेडियो बज रहा था। मनोरमा के कान उधर ही थे। सुनते ही बोली– भैया-भैया रेडियो पर तुम गा रहे हो, सुना अच्छा लगा। मेरे गांव में दयाराम भगत जी अपनी पत्नी के साथ किसानी करते हैं। वे आर्यसमाजी दलित हैं। वे जब भी रेडियो पर मेरी कविता या वार्ता आने का समय और सूचना पाते हैं। ठीक समय चौपाल पर सभी को बुलाकर सुनाते हैं। आज मेरी बेटी अजातिका सिंह और बेटा आयूष सिंह का स्वभाविक प्रश्न भी बहुतों का प्रश्न है कि आपने संग्रह को 'नई फ़सल' ही नाम

क्यों दिया?'' आप तो किसान नहीं थे। आप तो लैंडलैस लेबरर थे बगैरह-बगैरह। दो बातें दिमाग में थीं—एक तो हम नई उम्र के थे। यानी नई पीढ़ी, की प्रतीक नई फ़सल, दूसरा मैं किसानों में उनके हकों और हितों के लिए निःस्वार्थ सेवा कर ही रहा था। किसानों में नई फ़सल आने से उत्साह और आशा का संचार होता है और परिवर्तन कामी नई सोच, नये विचार और नये सपने ही तो मेरे पंखों में उड़ान भर रहे थे। ऐसी ही बातें नामकरण की सार्थकता और प्रासंगिकता से जुड़ी हैं।

'नई फ़सल' के प्रकाशन दिनों में लौटता हूँ तो एक तरह से गरीबी, बेरोजगारी वाला—भला-बुरा वक्त सामने आ खड़ा होता है। मानो मेरी आने वाली आत्मकथा का एक अध्याय खुल रहा है। वह दौर मेरी भारी आर्थिक तंगी का दौर था। सरकार की ओर से दलित छात्रों को लगभग एक सवा रुपया रोज का वजीफा दिया जाता था। वह तुच्छ राशि मेरे जैसे सर्वहारा के लिए एकमात्र मदद थी। पर उसे भी कभी समय पर नहीं दिया जाता था। गैर-दलित तो सरकारी दामाद कह कर वजीफा के खिलाफ रहते ही थे। हरिजन विभागों के दलित कर्मचारी भी कम भ्रष्ट नहीं होते थे। वे चक्कर-पर-चक्कर लगवाते थे। चूंकि मैं रिश्वत नहीं देता था और वे मेरा वजीफा रोके रहते थे। 1986-87 का स्कॉलरशिप 88 में जाकर मिला था। तो मेरे दिमाग में आया, अब कविताओं की किताब छपवाई जाए। कागज खरीदा, जनवादी लेखक संघ के साथी विनोद कुमार दत्ता के सौजन्य से आवरण तैयार हो गया और मानसी प्रेस के स्वामी कुमार प्रदीप को जो हमारे सांगठनिक साथी भी थे। उनको छपाई-बँधाई के पैसे अग्रिम दे दिए। पर जब किताब छप कर आयी तो उन्होंने कवर पर अपना नाम बतौर संपादक छाप दिया। सम्पादक बनने का उन्हें उन दिनों शौक चढ़ा हुआ था। वे साप्ताहिक 'कलयुगी क्रान्ति' पत्र भी निकाल रहे थे। उन दिनों राकेश-मीनाक्षी के नेतृत्व में वैज्ञानिक विचार केन्द्र के तहत स्टडी सर्किल चला करता था। उसमें मुरादाबाद से मुशर्रफ अली, चंदौसी से सुनील शर्मा, मुन्नालाल शाक्य, राधेश्याम रत्नेश और नूरपुर से नरेन्द्र शर्मा आदि खासकर शामिल होते थे। उस बार की बैठक में राकेश ने प्रदीप से नई फसल के बारे में सफाई माँगी कि श्यौराज की किताब पर तुमने सम्पादक के रूप में अपना नाम क्यों छापा? क्या तुमने कविताओं का सम्पादन किया है? प्रदीप ने बड़ी ईमानदारी से गलती स्वीकार करली और बात खत्म हो गई। पर वह नाम तो छपा रह गया, क्यों कि आचरण तो सुधर गया पर वह आवरण तो प्रदीप ने दोबारा छापा नहीं। अगर वे ऐसा करते तो भरपाई होती। अब जब श्री कंवल भारती जी ने 'दलित कविता का संघर्ष' नामक अपनी किताब में 'नई फ़सल' पर 'श्यौराजसिंह बेचैन की कविता' शीर्षक के रूप में मूल्यांकन किया तो सम्पादक पर ध्यान केन्द्रित कर दिया। तब मैंने उन्हें कविता संग्रह की कहानी बताई और सुधार किया।

इस बार मैंने उन्हें योगी वेश में देखा और मैं अन्दर-अन्दर भयाक्रांत हो उठा

क्योंकि वे गैर दलित हिंदुओं के संत आशाराम के पक्ष में बहस कर रहे थे। 'नई फ़सल' का मुरादाबाद के 'हिन्दू कालेज' में बाकायदा लोकार्पण हुआ था और काव्य चर्चा का आयोजन हुआ था, उसकी एक संक्षिप्त रपट संग्रह के परिशिष्ट में जा रही है। 'दैनिक आज', 'दैनिक जागरण' और 'दैनिक उत्तर उजाला' में छपी रपट और अपना साक्षात्कार परिशिष्ट में देने से रोक दिए हैं।

उस वक्त का आयोजन मेरे दो साथियों की वजह से सफल हो पाया था, उनमें एक मुशर्रफ अली और दूसरे विजय आलम थे। विजय मेरे लेखन को पहचान दिलाने में मदद कर रहा था। उसने उन दिनों अमर उजाला में 'उभरती प्रतिभा' स्तम्भ लिखना आरम्भ किया था। उस शृंखला की एक कड़ी मुझे भी बनाया था।

इतना ही नहीं बल्कि साहित्य के क्षेत्र में मुझे जब भी, जो भी पुरस्कार मिले, उधर की जितनी भी सभाओं में मेरे जो भी व्याख्यान हुए, विजय ने अमर उजाला के लिए हमेशा ही रिपोर्ट मँगाई और प्रकाशित की। हालाँकि दलित साहित्य की बहुत-सी बहसों से वह असहमत होता था, परन्तु इतना डेमोक्रेटिक तो था कि मेरी बात छपने से नहीं रोकता था। मुरादाबाद में बहुधा मैं मुशर्रफ या विजय आलम दो के ही घर रुकता था। तब बहस करता था, तर्क करता था। उसकी तो पत्नी का नाम ही 'कविता' था। इंसानी रिश्ते में उसकी मौत से मेरी व्यक्तिगत क्षति भी हुई। जाति चेतना के दौर में उसने अपनी एक 'कायस्थ सभा' बनाई थी, जिसका वह सेक्रेटरी था। इससे मुझे कोई ऐतराज नहीं था। भारत बहु-जातीय देश है। यहाँ सभी जातियों को सभी क्षेत्रों में जातिवार प्रतिनिधित्व मिलना ही चाहिए। इसके बगैर सामाजिक लोकतंत्र आना सम्भव नहीं है।

उन दिनों की पत्र-पत्रिकाओं में छपी मेरी सारी कविताएँ 'नई फ़सल' में नहीं हैं। वे अलग से आनी बाकी हैं। इधर 2005-06 में डॉ. विमल थोराट और डॉ. सूरज बडत्या ने आग्रह कर दलित कवियों का एक संग्रह छापने हेतु कविताएँ मँगाई थीं। मैंने भी आठ कविताएँ प्रेषित की थीं। आज छह-सात साल हो गये। न छापीं न वापस कीं और न ही कोई पत्रोत्तर दिया। उनका यह व्यवहार समझ के परे है।

मैं तस्लीम करूँगा कि उन दिनों मैं उर्दू के तरक्की पसन्द शायरों से बेहद प्रभावित था। साहिर लुधियानवी, फ़ैज़ अहमद 'फ़ैज़', अली सरदार जाफ़री, कैफी आजमी मेरे पसन्दीदा शायर हुआ करते थे। हिंदी कविता में भी इन्हीं की वजह से रवानी आई लगती थी। वरन हिंदी को संस्कृत का आग्रह पठनीय छोड़ता क्या?

एक बार 1983 में मिर्जापुर के शहीद कॉलेज में अखिल भारतीय स्टूडेंट्स फेडरेशन (ए.आई.एस.एफ.) का प्रान्तीय सम्मेलन सम्पन्न हुआ था। मैं मुरादाबाद शाखा का अध्यक्ष था। सम्मेलन में चुनाव द्वारा मुझे प्रान्तीय कमेटी में जाना था। उस वक्त वहाँ कवि सम्मेलन एवं मुशायरा हुआ था। मैंने पहली बार बड़े मंच पर

अपनी कुछ कविताएँ सुनाई थीं। अली सरदार जाफ़री और कैफ़ी आजमी को सुनने के लिए अपार भीड़ उमड़ी थी। जब मैं चंदौसी लौटा तो का. भगवानदास शर्मा कुछ साथियों को साथ लेकर मेरे स्वागत के लिए पुष्पहारों के साथ स्टेशन पर मिले। मैंने कहा—ये हार रख लीजिए। मैं प्रान्तीय कमेटी में नहीं आया हूँ। कारण, तीनों ही मत मेरे खिलाफ हो गये। उनमें एक कायस्थ था और एक आपका ब्राह्मण ऐन वक्त पर दोनों मेरे विरुद्ध आपस में मिल गये। उन्हें दलित स्वीकार्य नहीं था। यह योजना पार्टी सचिव राम कृपाल शर्मा जी की थी।

इस तरह की यादों से भरी मेरी काव्य यात्रा आत्मकथा से जुड़ती है। बताना यह भी है कि उन दिनों प्रेम कविताएँ बड़े संकट में थीं। कामरेड भगवानदास शर्मा प्रेम पर लिखते ही प्रति-क्रान्तिकारी घोषित कर देते थे। इधर दलित साहित्य में दिवंगत लेखक ओमप्रकाश वाल्मीकि मुझसे कहते थे—'मैंने दलित साहित्य लिखने से पहले की अपनी सारी प्रेम कविताएँ नष्ट कर दी हैं। अब केवल दलित कविताएँ ही लिखता हूँ।' जबकि डॉ. धर्मवीर ने दलित साहित्य की परिभाषा में प्रेम को भी शामिल कर दिया। कहा कि दलित का पूरा जीवन है—हँसना-रोना, प्रेम-घृणा इत्यादि। डॉ. तुलसीराम को साहस मिला। उन्होंने 'मणिकर्णिका' में 'प्रेम न करियो कोय' में अपना प्रेम प्रसंग लिख ही दिया। कुल मिला कर काव्य वैविध्य की स्वीकृति आने से दलित साहित्य का फलक और फैल रहा है। फिलहाल इतना ही। विस्तार के लिए आत्मकथा का दूसरा भाग ला ही रहा हूँ।

वरिष्ठ लेखक बलवीर माधोपुरी ने मेरी कुछ कविताओं का और आत्मकथा का हिंदी से पंजाबी में अनुवाद प्रकाशित करा दिया है। और प्रो. तपन वासू तथा डॉ. दीवा जफर ने अंग्रेजी में और निर्तन गायकवाड़ ने मराठी अनुवाद किया है। मैं उनका आभारी हूँ।

स्मृतियों में अतीत के दृश्य भी कविताओं की तरह ही दिलो-दिमाग में ठहरते-कौंधते रहते हैं। वैसे ही 27-28 जनवरी 1988 को चौ. महेन्द्र सिंह टिकैत के नेतृत्व में भाकियू का धरना मेरठ के सी.डी.ए. ग्राउण्ड में था। करीब पाँच लाख किसानों की उपस्थिति थी। मैं बिलारी के किसानों के साथ मंच के सामने जमीन पर अखबार बिछा कर सो रहा था। सर्दी से बचने के लिए हम एक दूसरे के शरीर को गर्मी ले दे रहे थे। आधी रात के बाद मंच से चौधरी हरपाल सिंह की आवाज मेरे कानों में आई 'बिलारी से आए साथी श्यौराज सिंह बेचैन अपने गीतों कविताओं के साथ मंच पर आएं...।' वह आवाज कवि के लिए थी। एक या दो फरवरी के टाइम्स आफ इंडिया की लम्बी रिपोर्ट में पहली बार अंग्रेजी में मेरा नाम छपा था।

अन्त में, वरिष्ठ कवि केदारनाथ सिंह ने मेरे जिन काव्य लक्षणों की बात 'क्रौंच हूँ मैं' की कविताओं के सन्दर्भ में की थी, वे लक्षण 'नई फ़सल' में पहले से ही मौजूद हैं। इसलिए मैंने वह भूमिका यहाँ भी साभार ली है। वरिष्ठ कवि वीरेन डंगवाल जी,

कवि प्रो. गोविंद प्रसाद, कवि प्रो.कालीचरण स्नेही जी का और प्रकाशक श्री अरुण माहेश्वरी का हार्दिक आभार।

श्यौराज सिंह बेचैन
16-2-2014

प्रोफेसर, हिन्दी विभाग, दिल्ली विश्वविद्यालय, दिल्ली-7
निवास, 1/122, वसुन्धरा, गाजियाबाद-201012
09718371808, 9911043588 {m}
E mail- sheorajsingh bechain@ gmail.com

'छन्दहीन और छन्दोबद्ध'

('क्रौंच हूँ मैं' से)

'क्रौंच हूँ मैं' की कविताएँ मैं देख गया। अब कवि का आग्रह कि मैं भूमिका के दो शब्द लिख दूँ। एक रचनात्मक कृति के साथ भूमिका—कम से कम किसी अन्य की—नितान्त अनावश्यक होती है। यह जानते हुए भी यदि यह लिख रहा हूँ तो इसके दो कारण हैं—एक तो यह कि एक युवा कवि के आग्रह को सहज ही नहीं टाला जा सकता। दूसरे, अपने गुरु आचार्य हजारीप्रसाद द्विवेदी का यह कथन कि भूमिका-लेखन एक प्रकार का मानवतावाद है। सो, मानवधर्म के नाते ये दो शब्द।

संग्रह की कविताओं का मुख्य स्वर व्यंग्य है और यह कहना अनुपयुक्त न होगा कि इस विधा में कवि का हाथ काफी सधा हुआ है। संग्रह का आरम्भ 'श्रद्धांजलि' शीर्षक कविता से होता है और अन्त 'इन्तज़ार' से। मुझे आरम्भ और अन्त का यह संयोजन एक रूपक की तरह जान पड़ा जिसमें अनजाने ही एक दूरगामी अर्थ की व्यंजकता आ गयी है। इन्हीं दो छोरों के बीच कवि का सारा भावलोक संचरित होता है और अक्सर बिना किसी बनाव-शृंगार के लगभग अनलंकृत। फिर व्यंग्य के लिए जो सच्ची मानवीय करुणा चाहिए, उसकी बानगी भी इन कविताओं में जहाँ-तहाँ देखी जा सकती है।

जहाँ तक कवि की भाषा का सवाल है उसमें एक सहज खुलापन है, जिसमें रचाव कम पर रचनात्मक सम्भावना अधिक है। मुझे जिस ख़ास बात ने आश्वस्त किया, वह है कवि की वह क्षमता, जिसके चलते वह छन्दोबद्ध और लगभग छन्दहीन, दोनों प्रकार की कविताएँ लिखने में सफल है। जो छन्दोबद्ध कविताएँ हैं, उनकी बनावट में भी खुलापन अधिक है और अनावश्यक कसाव कम। शायद नये यथार्थ की माँग भी यही है।

अपने भावलोक की विविधता के कारण प्रस्तुत संग्रह अपने अभीष्ट पाठक को आकृष्ट करेगा—ऐसा मेरा विश्वास है। इन शब्दों के साथ मैं कवि के उत्तरोत्तर विकास की कामना करता हूँ।

केदारनाथ सिंह

भारतीय भाषा केन्द्र, भाषा संस्थान
जवाहर लाल नेहरू विश्वविद्यालय
नयी दिल्ली-110067

श्यौराज की कविता
जलते हुए सच की कविता

शोषणकारी ताकतों और सत्ता तंत्र को तार-तार करने वाली कुटिल व्यंग्य और विद्रूपता से भरी श्यौराज सिंह बेचैन की कविता दृष्टि, हिन्दी कविता के परिदृश्य को नया आयाम देती है। लगभग गीतात्मक अनुभूतिपरकता उनकी कुछ कविताओं में रेखांकित करने योग्य है। इस गीतात्मक अनुभूति के ढाँचे में हिकारत और विद्रूपता को जिस खूबी से जगह दी है और मज़लूम, बेघरबार मजदूर और सड़क पर भी हाशिए पर चलने वाले अवाम की आवाज़ को अभिव्यक्ति देने की जो जोरदार कोशिश कवि ने की है, वह हिन्दी साहित्य की अभिजातवादी संस्कृति के मुँह पर लगभग तमाचे मारने वालों जैसी बात है।

यूँ तो श्यौराज सिंह बेचैन के कवि-कर्म को दलित कविता के संदर्भ में रख कर विचार किया जाना चाहिए तो शायद हम उनके रचनाकार व्यक्तित्व के प्रति गहरी आस्था और साथ ही न्यायसंगत ढंग से सहानुभूतिपूर्वक विचार कर सकेंगे, लेकिन जिन्हें दलित-विमर्श से आपत्ति हो तो! तो भी, इन कविताओं में ताकतवर के ख़िलाफ कमज़ोर की आवाज़ को अनसुना नहीं किया जा सकता। अभाव की अभिव्यक्ति सर्वत्र है। वह देश, धर्म और जाति सब से परे और सबसे ऊपर सुनी जा सकती है।

जितनी कविताएँ (ख़ासकर 'नई फ़सल' 1988 तक की कविताएँ), उनकी मेरी नज़र से गुजरी हैं, उन्हें पढ़कर यही लगता है कि उनकी इन कविताओं का बीज संस्कार किताबी कविता का सा नहीं है। मेरी इस राय को शिकायती लहजे में न समझा जाए। भावावेश में उठने वाले स्वर जब जातिगत भेदभाव के मूल में छिपे अन्याय, ज़ुल्म और दमन और षड्यंत्र की पीड़ा को, धर्म को, पाखंड को राजनैतिक फलक पर उजागर करते हैं तो उनकी कविता सामाजिक यथार्थ के रूप में ताकत और ऊँचाई पकड़ती नज़र आती है। इस अर्थ में श्यौराज सिंह 'बेचैन' की कविता अभिजात संस्कृति और कुलीन काव्य-संस्कारों वाली कविता के सामने एक अलग परम्परा की कविता है। इसी अर्थ में यह संस्कृत परम्परा में पढ़े-लिखों की कविता नहीं है, यह कोरी किताबी-कविता भी नहीं है। इस संदर्भ में 'भेद की फसल', 'चाँद

लगा रोटी का टुकड़ा', 'किसवा लुट गई तेरी कमाई' जैसी कविताएँ ज्यादा महत्त्वपूर्ण हैं। यह उदाहरण देखिए जो परम्परागत कविता में कम है और कला है तो सायास या कृत्रिम नहीं स्वाभाविक रूप में बल्कि इनमें 'धूप-सा जलता साँच' ज्यादा है—

मादक लगी न रात
दुखों की, साधक लगी न स्मृतियाँ
सूरज ठण्डा लगा
धूप-सा जलता साँच लिखा मैंने।
कामिनी कटि से लिपट
श्यामल केशों को सुलझा न सका
इस रूमानी ख़्वाब से
खुद को रख कर दूर लिखा मैंने।
गीत चाँदनी पर लिखने का
मन था पर हालात न थे
चाँद लगा रोटी का टुकड़ा
भूखे पेट लिखा मैंने....।

इस तरह दलित कविता का यह संग्रह कटि कामिनी के श्यामल केशों के रूमानी ख़्वाब से नहीं बुना गया है। न इसमें चाँदनी के गीत हैं बल्कि यह भूखे पेट से निकले जलते सच की कविता है। शायद इसलिए इसमें कविता के लिए कविता की नक्काशी कम नज़र आती है, उससे पहले जलता हुआ सच दिखाई देता है। दरअसल यह भरे हुए पेट की जगह भूखे पेट की कविता है।

प्रो. गोविंद प्रसाद

भारतीय भाषा केन्द्र
जवाहर लाल नेहरू यूनिवर्सिटी
नयी दिल्ली-110067

श्यौराज सिंह बेचैन की कविता

नौवें दशक के अन्तिम वर्ष में दो अत्यन्त महत्त्वपूर्ण कविता संकलन प्रकाशित हुए जिन पर चर्चा किए बगैर दलित कविता पर यह अध्याय पूरा नहीं हो सकता। ये दोनों संकलन आठवें और नौवें दशक की दलित काव्य यात्रा के वे पड़ाव हैं जहाँ से दलित कविता ने आगे की बहुमार्गी यात्रा तय की है। दोनों संकलनों का प्रकाशन वर्ष 1989 है। ये रचनाकार हैं–ओमप्रकाश वाल्मीकि (1950) और श्यौराज सिंह बेचैन (1960)। इनके कविता संकलनों के नाम हैं क्रमशः 'सदियों का संताप' और 'नई फ़सल'।

'नई फसल'... की एक हजार प्रतियाँ छापी गयी थीं। पुस्तक के पीछे इसके मिलने का पता श्रीमती वीरमाला सक्सेना (शिक्षिका) बिलारी, मुरादाबाद, उ.प्र. में छपा है। आवरण सहित साठ पृष्ठों की इस 'पॉकेट बुक्स' आकार की पुस्तिका में 48 कविताएँ शामिल हैं, जिसमें अन्तिम कविता छपते-छपते शीर्षक से बाद में जोड़ी गयी थी, क्योंकि इस कविता का नाम 'क्रम' सूची में शामिल नहीं है।

'सदियों का संताप' 19 कविताओं का संकलन है जिसमें 30 पृष्ठ हैं। इसकी छपाई सुन्दर है और आवरण पृष्ठ आकर्षक है। इसका प्रकाशन 'फिलहाल प्रकाशन' 24/49 धर्मपुर, देहरादून से हुआ था जो लेखक का ही अपना उपक्रम था। बेचैन और वाल्मीकि दोनों दलित कवियों ने समाज, जाति और जनतंत्र की अपनी सघन पीड़ा की अनुभूतियों को अपनी कविताओं में अभिव्यक्त किया है।

सबसे पहले 'नई फ़सल' की कविताओं पर बात करते हैं। ये कविताएँ एक ऐसे परिवेश से आयीं जो जनविरोधी और पूँजीवादी है। कवि ने भी अपने संकलन को 'जनवादी रचनाओं का संग्रह' कहा है। इन कविताओं को पढ़ने से मालूम होता है कि कवि ने जाति से ज्यादा गरीबी की पीड़ा को भोगा है। उसे जाति के सवालों ने उतना परेशान नहीं किया है जितना वर्ग के सवालों ने बेचैन किया है। संग्रह की अधिकांश कविताओं में हमें वर्ग-चेतना देखने को मिलती है। तीन कविताओं में जाति-चेतना भी है पर एक कविता 'बेड़ियाँ तोड़ दो' में हमें अम्बेडकर का ज़िक्र मिलता है, जिसमें कवि ने भीम के शिक्षा, संगठन और संघर्ष का उल्लेख करते हुए उन्हें महाबुद्ध कहा था। यथा–

था तिमिरमय गगन घोर हिन्दुत्व से
नाम समता-स्वाधीनता का न था।
शासकों, ग्रन्थकारों ने बाँटे थे हम
दूर तक ज़िन्दगी में उजेरा न था।।
ब्राह्मण स्वयं सर्वोपरि था बना
मात्र पैरों में स्थान था शूद्र का।
तब दलित बेड़ियाँ तोड़ने को उठे
उनकी जानिब इशारा हुआ भीम का।।
किन्तु ऐ नवयुवा तेरा दायित्व है
ख़त्म कर अपने मस्तिष्क की दासता।
ज्ञान पा, संगठित हो के संघर्ष कर
आपदाओं से मुक्ति का है रास्ता।।

'नई फ़सल' की भूमिका डॉ. वीरेन डंगवाल ने लिखी है जो स्वयं भी जनवादी धारा के सुपरिचित कवि हैं। उन्होंने लिखा है कि बेचैन एक प्रतिबद्ध राजनीतिक कार्यकर्ता हैं और उनकी कविताएँ एक सतत कार्यकर्ता की कविताएँ हैं। उनके अनुसार बेचैन पश्चिमी उत्तर प्रदेश के किसान आन्दोलन में लम्बे समय तक सक्रिय थे। वे लिखते हैं, "चौधरी महेन्द्र सिंह टकैत के किसान संघर्षों में ग्रामीण समाज की वंचित जातियों और भूमिहीन मजदूरों की भूमिका को सुनिश्चित करने और इस प्रकार इस आन्दोलन को संकीर्ण होने से बचाने में उनकी एक खामोश लेकिन महत्त्वपूर्ण भूमिका रही है।" भूमिका के इस उद्धरण से हम यह समझ सकते हैं कि बेचैन की काव्य चेतना अपने समय के जनवादी अर्थात् वाम आन्दोलन से पैदा हुई है इसलिए अम्बेडकर भी उनके लिए उसी वर्ग चेतना के नायक हैं जिस वर्ग चेतना के नायक मार्क्स और भगत सिंह हैं। असमानता, अन्याय और शोषण के विरुद्ध समाजवादी व्यवस्था की परिकल्पना का प्रभाव उन पर वस्तुतः दलित होने के नाते ही पड़ा था। उनके अभावग्रस्त दलित जीवन की अनुभूतियों ने ही उन्हें स्वतन्त्रता और समानता के दर्शन से जोड़ने में अहम भूमिका निभाई थी। इसलिए, उन्होंने अपनी कविताओं में एक दलित और सर्वहारा की दृष्टि से ही देश की आज़ादी और लोकतन्त्र को देखा है। इस 'देखने' में उन्हें न आज़ादी नज़र आती है और न लोकतन्त्र दिखाई देता है। वे इनमें यह फ़र्क़ देखते हैं—

थे जहाँ गोरे वहाँ काले नज़र आने लगे।
हट गये काँटे तो क्या भाले नज़र आने लगे।।

इसलिए वे लोकतन्त्र में शोषण की व्यवस्था के खिलाफ़ बिगुल बजाते हैं—

फिर चुनौती सामने है ध्वस्त करना है निज़ाम।
शोषकों की मंडली में फिर मचा है कोहराम।।

अपने सपने, अपनी खुशियाँ, अपने हक़ पाये अवाम।
हर शहादत सार्थक हो, भगत सिंह का यह पैग़ाम।।

कवि यहाँ भगत सिंह की प्रासंगिकता को महसूस कर रहा है। एक अन्य कविता में भी कवि भगतसिंह के सपनों का भारत चाहता है। यथा–

गोरे ग़ैरों का जुल्म था कल
अब सितम हमारे अपनों का
ये कुछ भी कहें पर देश
बना नहीं भगत सिंह के सपनों का।।

वामपंथियों ने भारत की आज़ादी को 'अधूरी आज़ादी' कहा था। कवि श्यौराज सिंह बेचैन ने भी इसी मत को दोहराया है। स्पष्ट है कि यह धारणा उनमें वामपंथ से ही आयी। यथा–

आज़ादी अभी अधूरी है
सच है यह बात समझ प्यारे।
कुछ सुविधाओं के टुकड़े खा
मत नौ-नौ बाँस उछल प्यारे।।

अम्बेडकर के संघर्ष से आज़ाद भारत के दलितों को शासन और प्रशासन में आरक्षण मिला था। वामपंथियों ने इसका विरोध किया था। उनका कहना था कि इस प्रकार की सुविधाओं से पूर्ण परिवर्तन की लड़ाई ठण्डी पड़ती है। बेचैन की धारणा भी यही है। यथा–

कर हक़ों की ठण्डी बात नहीं
बदलाव की आग उगल प्यारे।

कवि आम आदमी की पीड़ा को देख रहा था जिसे आज़ादी ने कुछ नहीं दिया था। कवि की दृष्टि में पूरा लोकतन्त्र पूँजीवादी है जिससे दलित-शोषित जनता का इंसानी हक खतरे में है–

हाँ, पूँजीवादी दानव से
खतरे में है शोषित मानवता।

इसलिए कवि आज़ादी पर प्रश्न-चिह्न लगाता है क्योंकि वह 'सुबह' नहीं आयी जिसके लिए वीरों ने कुर्बानी दी थी–

भूखों की भूख मिटा न सकी
शोषण और लूट बचा न सकी
जिस सुबह की ख़ातिर 'वीर' मरे
वो सुबह अभी तक आ न सकी।।

लेकिन कवि इस सिद्धान्त में विश्वास करता है कि शोषित जनों को अपनी तक़दीर ख़ुद बदलनी होगी। किसी 'अवतार' की राह न देख, उन्हें ख़ुद ही अपना

निर्माण करना होगा। यथा–

मजबूत हैं हम, कमज़ोर नहीं
अपना निर्माता और नहीं।
समझें तो लें तकदीर बदल
दुनिया भर की तस्वीर बदल।
मत अवतारों की राह देख
कर स्वयं समस्या हल प्यारे।।
कुछ सुविधाओं के टुकड़े खा,
मत नौ-नौ बाँस उछल प्यारे।।

कवि श्यौराज सिंह बेचैन की दलित चेतना भी शोषित जन की चेतना है। उसकी दृष्टि में दलित जाति से नहीं वरन् वे सभी लोग दलित हैं जो शोषित, वंचित, अस्पृश्य और ग़रीब हैं। कवि व्यावहारिक धरातल पर दलित को देखता है। इसलिए वह सौ फीसदी सही सवाल उठाता है जब वह कहता है–

भूखे-नंगे, बेघर
दलित से तो पूछे कोई
यह कौन-सी सदी है
और कौन-सा ज़माना है?

दलित के लिए सदी बदलने से क्या फर्क़ पड़ता है, जबकि उसकी स्थिति में कोई परिवर्तन नहीं होता है। कवि अम्बेडकर के दर्शन को जाति और वर्गविहीन समाज के निर्माण के रूप में ग्रहण करता है, जिसमें धर्म की भी विषमता न हो। यथा–

जाति, धन, धर्म की
विषमता रहेगी नहीं
भीम के सपूत
ऐसा भारत बनाना है।

'हम एक हैं' कविता में कवि ऐसे ही भारत के निर्माण के लिए मजदूर, किसानों और मेहनतकश लोगों की एकता का आह्वान करता है। यथा–

मजदूर किसानों के अधर यूँ ही कहेंगे।
हम एक थे, हम एक हैं, हम एक रहेंगे।।
मज़हब धरम के नाम पर लड़ना नहीं हमें।
फिर्कों में, जातियों में, बिखरना नहीं हमें।।

इस कविता में कवि पूँजीवादी ताकतों को उखाड़ फेंकने के लिए भूखे-नंगे लोगों को उठ खड़े होने का आह्वान करता है। यथा–

रोटी की भूख हमसे कह रही है अब उठो।
पूँजी के दरिन्दों की बढ़ो रीढ़ तोड़ दो।।

सदियों से पी रहे हैं सितमगर लहू के जाम।
मजलूम की तबाही बढ़ाता है यह निज़ाम।।

यद्यपि 'नई फ़सल' में कुछ लोकगीत और व्यंग्यात्मक कविताएँ भी शामिल हैं। जैसे—'ज़िन्दगी' (लोक मल्हार), 'साली' और 'टिकाऊ पति' किन्तु मुख्य रूप से कवि राजनीतिक बदलाव का कवि है। उसकी कविताएँ नये विश्व का निर्माण चाहती हैं जिसमें न रंगभेद हो, न लिंगभेद, न जातिभेद और न आर्थिक विषमता। यहाँ सभी फूलें-फलें और किसी के भी सपनों की हत्या न हो। कवि ऐसी रहनुमाई नहीं चाहता है जो देश को जाति-पाँति और साम्प्रदायिकता की आग में झोंक देती है। 'नया जहाँ' कविता में कवि पूरी तरह आश्वस्त है कि देश के नौजवान नया जहाँ बनाएँगे और नई सुबह लेकर आएँगे। यथा—

नौजवाँ नया जहाँ बनायेंगे-बनायेंगे।
जात-पाँत का तनाव।।
ऊँच-नीच, भेदभाव।
पेट के सवाल का—
जो दे नहीं सके जवाब।।
ऐसी रहनुमाई को हटायेंगे
नौजवाँ नया................
पी गये थे आँसुओं के साथ रात।
कह नहीं सके थे दिल की बात रात।।
हम सुबह के वास्ते ही आये हैं।
हम सुबह ज़रूर लेके आएँगे।।

इन्हीं परिवर्तनकामी विचारों की अभिव्यक्ति हमें कवि की अन्य कविताओं जैसे 'विश्व युद्ध नहीं चाहिए', 'अँगूठा दिखाइए', 'घोर अन्धकार है', 'कसाई को जिताते रहे भाई की तरह', 'हमें कोई ग़म नहीं है', 'रंगभेद मिटवाबैगो', 'खिलाफ़', 'बदलाव', 'प्रभाती का बिगुल' और 'जीवन दाव रे' में मिलती है। इन कविताओं में कवि महँगाई, गरीबी, बेरोजगारी, भ्रष्टाचार, अत्याचार, शोषण और भेदभाव के खिलाफ़ आम आदमी का युद्ध लड़ता है, आम आदमी की भावनाओं का प्रतिनिधित्व करता है और आम आदमी को बदलाव की नयी चेतना से लैस भी करता है। वह अपने समय के कवियों और शायरों को कलम को खंज़र बना लेने को कहता है—

फिर कलम खंज़र बना लो
गीत में शोले भरो
सच्चा शायर वो
जो लिखे अपने दौरों के खिलाफ़।

जाहिर है श्यौराज सिंह बेचैन न सिर्फ राजनैतिक बदलाव की कविताएँ लिख

रहे थे, वरन् उन्होंने प्रेमगीत भी लिखे। यह प्रेम भी एक आम आदमी का प्रेम है जो अपनी हजारों ख़्वाहिशों के साथ अपनी प्रेयसी को चाहता तो है पर गरीबी, बेरोज़गारी और लाचारी उसके मन के मधुमास को पल्लवित होने से पहले ही पतझर में बदल देती है। उनकी अनेक कविता में यह दर्द इस तरह उमड़ पड़ता है—

सब चले जाते हैं पतझर
या कि हो मधुमय बहार।
देखती रहती हैं आँखें
कारवाओं के गुबार।।

लेकिन प्रेम के लिए कवि आग शोलों पर भी चलने को तैयार है—

दिल के भीतर हज़ारों-हज़ारों दीये
ज़िन्दगी भर जलेंगे तुम्हारे लिए।
दूर कितनी भी हों प्यार की मंज़िलें
आग पर भी चलेंगे तुम्हारे लिए।।

श्यौराज सिंह बेचैन ने अपनी कविता के केन्द्र में स्त्री की स्वाधीनता को रखा है। 'औरत' कविता में जहाँ उन्होंने सामाजिक और आर्थिक दोनों आधारों पर स्त्री के शोषण का मार्मिक चित्रण किया है वहाँ 'औरत की गुलामी' शीर्षक कविता में वे स्त्री की गुलामी का रेखांकन करते हैं कि वह उपेक्षित ही पैदा होती है—

पैदा हुई थी जिस दिन
घर शोक में डूबा था।
बेटे की तरह उसका
उत्सव नहीं मना था।।
बंदिश भरा है बचपन
बोझिल-सी जवानी है।
औरत की गुलामी भी
एक लम्बी कहानी है।।

कवि बताता है कि सारी अग्नि-परीक्षाएँ स्त्री के लिए ही हैं—

कभी अग्नि परीक्षा में
औरत ही तो बैठी थी
होती थी जब सती तो
औरत ही तो होती थी।

लेकिन, कवि कहता है कि स्त्री को अपनी इस दासता की बेड़ियों को स्वयं ही काटना होगा। यथा—

अब वक़्त है वो अपने
आयाम खुद बनाये।

तालीम हो या सर्विस
अपने हकूक पाये।
मिलजुल के विषमता की
दीवार गिरानी है।
औरत की गुलामी भी
एक लम्बी कहानी है।।

बेचैन ने अपनी रचना-प्रक्रिया को भी अपनी एक कविता में व्यक्त किया है। वह कविता है, 'दर्द समेट लिखा मैंने'। मुझे यह संकलन की सबसे मार्मिक कविता लगती है और इस मायने में सबसे महत्त्वपूर्ण भी है कि जहाँ यह कवि के जीवन के दुखद यथार्थ से हमें रू-ब-रू कराती है वहाँ इससे यह भी स्पष्ट होता है कि कविता का अर्थ मनोरंजन नहीं बल्कि पीड़ा का उद्घाटन करना है। कवि कहता है—

गिरता उठता चला
ज्ञान की कुछ ऊँचाई तक पहुँचा।
पर्वत राई लगा
स्वार्थ से ऊपर बैठ लिखा मैंने।
मादक लगी न रात—
चाँदनी साधक लगीं न स्मृतियाँ।
सूरज ठण्डा लगा
धूप में जिस दिन बैठ लिखा मैंने।

सम्भवतः सबसे पहले नज़ीर अकबराबादी ने चाँद को रोटी कहा था पर वास्तव में हर भूखे को चाँद रोटी ही नज़र आता है। क्योंकि चाँद की तरह रोटी भी गोल होती है और पहुँच से बाहर। बेचैन का कवि भी जब भूखे पेट लिखता है तो उसे चाँद रोटी जैसा लगता है पर उसी समय उसे 'सारे जहाँ से अच्छा है' पर सन्देह होने लगता है। यथा—

चाँद लगा रोटी का टुकड़ा
भूखे पेट लिखा मैंने
सारे जहाँ से अच्छा है
यह उस दिन कुछ सन्देह हुआ
शामिल होकर मजदूरों में
अपना रेट लिखा मैंने।

लेकिन कवि के जीवन का कटु सत्य यह है कि उसने कब्र में रह कर इस भ्रम में लिखा कि लाशें भी ज़िन्दा होती हैं। यथा—

कमरे में भी नहीं
कब्र में रह कर गीत लिखे मैंने

लाशें भी ज़िन्दा हैं, हाँ
इस भ्रम के तहत लिखा मैंने।
वर्षों खोया रहा खुदी में
वर्षों दिल बेचैन रहा
सागर उथला लगा
कि ग़म में गहरा पैठ लिखा मैंने।।

'छपते-छपते' के तहत एक कविता मार्क्सवादी कवि गोरख पाण्डे की आत्महत्या पर संकलन में अन्त में शामिल की गयी है, जिसे कवि ने 'एक सच्चाई की ख़ुदकुशी' नाम दिया है। यह कविता 30 जनवरी 1989 को लिखी गयी है। गोरख पाण्डे जवाहरलाल नेहरू विश्वविद्यालय (जनेवि) में छात्र थे और उसी के कैम्पस में स्थित छात्रावास में उन्होंने मौत को गले लगाया था। बेचैन भी उस समय तक 'जनेवि' के सम्पर्क में आ चुके थे। गोरख पाण्डे की दुखद मृत्यु से द्रवित होकर उन्होंने यह कविता लिखी—

तुम्हारी मौत मोहब्बत की मौत लगती है
तुम्हारे पास नर्मदा थी, गंगा, कावेरी
बही न एक भी जीवन के मरु में आकर।
तुम्हारी प्यास जरूरत की प्यास थी गोरख
डसा तन्हाई की दिल को तड़पाकर।
हसरतें इंकलाव में दिल में धड़कनें ठहरीं
आँख खुलते समाजवाद का सपना रोया
गर्दिशें लाख पर ज़मीर का सौदा न किया।
गँवा दी जान कवि-कर्म पर, धब्बा न लिया
नया समाज, नया आदमी बनाने चला
खुद की साँसों से बुझ गया चिराग़ कैसा जला?
खुद सच्चाई ने गले डाल दिया था फंदा
मुझको लगता है एक सच्चाई ने खुदकुशी की है।

हमने देखा कि नौवें दशक के दलित कवि श्यौराज सिंह 'बेचैन' के कवि का आत्मसंघर्ष एक सच्चे जुझारू जनवादी चेतना से लबालब कवि का संघर्ष है। उनकी दृष्टि व्यापक है। उनकी चेतना में वे सारे गुण हैं जो भूख और शोषण से पीड़ित हैं। वे जाति और वर्गविहीन समाज के निर्माण के कवि हैं और समाजवादी राज-व्यवस्था के स्वप्नदर्शी भी।

1995 में श्यौराज सिंह बेचैन के दूसरे कविता-संग्रह 'क्रौंच हूँ मैं' में हम कवि को इन सवालों से टकराते हुए देखते हैं। उन्होंने 'क्रौंच हूँ मैं' शीर्षक कविता में इस सवाल का बहुत ही सटीक जवाब दिया है कि सवर्णों के दलित लेखन में अनुभूति

की प्रामाणिकता क्यों नहीं है? आदि कवि वाल्मीकि ने रामायण में बहेलिया द्वारा क्रौंच पक्षी के वध का मार्मिक वर्णन किया है। इसी बिम्ब को आधार बनाते हुए बेचैन ने दलित चेतना को रेखांकित किया है। इस कविता में वे कहते हैं–

आदि कविता
क्रौंच का वध देखकर पैदा हुई थी।
मैं परन्तु
आदि कवि के वंशजों में से नहीं हूँ।
वाल्मीकि मैं नहीं हूँ
क्रौंच हूँ मैं।

यहाँ वाल्मीकि सहानुभूति का लेखन करने वाले सवर्ण लेखक का प्रतीक है और 'क्रौंच' स्वयं दलित का प्रतीक है। जो स्वयं अपनी पीड़ा का अनुभव कर रहा है। वाल्मीकि ने क्रौंच पक्षी के दुख से द्रवित होकर जो कविता रची वह सहानुभूति की मार्मिक अभिव्यक्ति है, इसमें सन्देह नहीं, परन्तु वह क्रौंच की अपनी पीड़ा की अभिव्यक्ति नहीं है, क्योंकि क्रौंच की पीड़ा और ही है। वह कवि की दृष्टि में यह है–

आँख में अपराधियों के
तैरते हैं चित्र।
वह शिकारी आज का अभियुक्त
दण्ड भोगे बिन रहा वह मुक्त।

अतः दलित को सहानुभूति के लेखन से कोई लाभ नहीं है, यदि शोषक और अत्याचारी मुक्त घूमता है। कवि अन्त में कहता है–

स्वयं पीड़ित–
स्वयं ही है साक्ष्य।
प्रेक्षकों पर है नहीं विश्वास।

कवि आदि कवि वाल्मीकि को प्रेक्षक बताते हुए कहना चाहता है कि दलितों पर सहानुभूतिपरक लेखन प्रेक्षक का वह लेखन है, वह वास्तविक और यथार्थपरक लेखन नहीं है। इसी बात को कवि अपनी एक अन्य कविता 'आम और ख़ास' में और भी बेहतर ढंग से कहता है–

आम आदमी पर ख़ास आदमी
कविता लिख देता है।
ख़ास आदमी पारितोषिक लेता है
पारितोषिक मिठास में सना होता है
कविता में असीम दर्द भरा होता है।
यह ख़ास आदमी

इतना क्यों दुखी होता है
देखकर निरक्षरता
भूख और दरिद्रता?

कवि ने बहुत ही सही सवाल उठाया है कि ख़ास आदमी, आम आदमी की ग़रीबी और भूख को देख कर क्यों दुखी होता है जबकि वह उसे दूर करने के लिए कुछ भी नहीं करता? इसका जवाब भी कवि बहुत सही देता है–

आम आदमी उद्दीपन ही नहीं रहा तो
कौन करेगा प्रेरित उसको
इसलिए वह मानता है
कि आम को बस 'आम' रहना चाहिए।
आम को ख़ास होने से रोक देना चाहिए।
हो सके तो ख़ास को
आम में और आम को खास में बदल देना चाहिए।

दलित कविता का यही संघर्ष हमें बेचैन की 'मशीनों का समय' कविता में दिखाई देता है–

तब बहेलिया वध करता था
और प्रेक्षक कविता।
अब बहेलिया वध से ज्यादा
कविताएँ करता है।
तब कविता संत्रास जन्य थी
अब कविता अभ्यास।

जब शोषक श्रेणी के लोग ही कविता करने लगे हैं तो दलित कविता को उनका समर्थन कैसे मिल सकता है? कवि ने बहेलियों और प्रेक्षकों की कविताओं के बिम्ब को एक अन्य कविता 'जुल्म जारी भी है' में शोषण के प्रपंच के रूप में चित्रित किया है–

अब उसके खेत का
टुकड़ा कुतरने में लगा है भूमिधर
उसकी बर्बादी का
जिम्मेदार पटवारी भी है।
वह मजूरी गाँव में देखे
या भागे शहर को?

कवि इस शोषण को 'पशुओं की गर्दन पर आरा' की संज्ञा देते हुए 'फरेब नहीं' कविता में इस प्रकार अपना विचार रखता है–

यह कविता नहीं

शब्दों की जोड़ तोड़ है
कतारबद्ध लोगों का नारा है।
पूँजीवाद का कविता में हस्तक्षेप
श्रमिकों का शोषण, स्त्रियों का वस्तुकरण
दलितों और अवामी कवियों की गर्दनों पर
वैसे ही है जैसे वधस्थल में
पशुओं की गर्दन पर आरा है।

लेकिन कवि गुलामियों के अन्त के लिए अपने संघर्ष के सफर को जारी रखता है यथा 'समूह-गान' कविता की ये पंक्तियँ–

गुलामियों के खात्मे की
ज़िद किए हुए हैं हम
नहीं रुकेंगे अब हमारे
साथियों के ये कदम।
उठें कि रस्में रूढ़ियों की
बंदिशें हटा सकें।
उठें कि साफ स्वस्थ
नव समाज हम बना सकें।

असल में श्यौराज सिंह बेचैन और कुछ से ज्यादा और मूलतया बेहद संवेदनशील और कुछ भावुक भी, कवि ही पहले हैं पत्रकार, अध्यापक, आलोचक या कथाकार बाद में। इनकी आत्मकथा 'मेरा बचपन मेरे कन्धों पर' के प्रसंगों को देखें, चित्रण में वे काव्यात्मक शैली अपनाते रहे हैं।

कंवल भारती

श्रम और संघर्ष के आस्वाद की कविताएँ

मुझे अब तक अनेक दलित साहित्यकारों की कृतियों को पढ़ने का अवसर मिला है। जिन दलित साहित्यकारों ने मुझे सौ फीसदी प्रभावित और प्रेरित किया है, उनमें डॉ. धर्मवीर और डॉ. श्यौराज सिंह बेचैन प्रमुख हैं। डॉ. धर्मवीर की आलोचना शक्ति बेजोड़ है और उनके तर्क अकाट्य, विवेकपूर्ण तथा अन्दर तक मथने में समर्थ हैं। वे जिस पर भी हमला बोलते हैं, उसका किसी भी हालत में बचना मुश्किल है, उसे घायल भी नहीं छोड़ते, पूरी तरह ठिकाने लगाकर ही दम लेते हैं। मनुवादी सवर्ण लेखकों की बड़ी फौज को उन्होंने अकेले ही नेस्तनाबूत कर दिया है। हम सबके मार्गदर्शक 'कबीर' जो कि ब्राह्मणवाद के चंगुल में कैद थे, उन्होंने अकेले ही अपने दम पर मुक्त करा लिए हैं। कबीर अब सच्चे अर्थों में कबीर के रूप में प्रतिष्ठित कर दिए गये हैं। हम अपने कबीर को पाकर सचमुच में अब गौरवान्वित महसूस कर रहे हैं। डॉ. धर्मवीर के इस प्रदेय को सदैव स्मरण रखा जाएगा।

ऐसे ही एक अन्य कद्दावर दलित लेखक और प्रख्यात अम्बेडकरवादी विचारक डॉ. श्यौराज सिंह 'बेचैन' हैं जिनकी आत्मकथा 'मेरा बचपन मेरे कन्धों पर' ने पुस्तकाकार प्रकाशन के पूर्व ही साहित्य की दुनिया में तहलका, हंस, प्रीत लड़ी, अमर उजाला आदि में आकर खासी हलचल पैदा कर दी है।

डॉ. बेचैन, 'दलित साहित्य' के क्षेत्र में एक बुलन्द शख्सियत माने जाते हैं। 'हिन्दी की दलित पत्रकारिता पर पत्रकार अम्बेडकर का प्रभाव' जैसा उत्कृष्ट शोध प्रबन्ध डॉ. बेचैन की प्रतिभा का प्रबल प्रमाण है। इस ग्रन्थ को हिन्दी दलित साहित्य की शोध परम्परा में मील का पत्थर माना जाता है। तथ्यों का विश्लेषण तर्कपूर्ण ढंग से करने की कला में डॉ. बेचैन को दक्षता प्राप्त है। पत्रकारिता से जुड़े होने के कारण किसी घटना की गहराई में उतरना और सच को उद्घाटित करना इनकी फितरत में शामिल है।

उत्तर प्रदेश में बदायूँ जनपद के एक छोटे से गाँव 'नदरोली' में बचपन की मूलभूत सुविधाओं से वंचित निपट लेने में अकेले ही सक्षम हैं। कविता, कहानी, पत्रकारिता और शोधपत्रों के माध्यम से अपने समय और समाज को सम्बोधित करता यह व्यक्तित्व, सत्य का हिमायती बनकर फरेब की दुनिया से मुकाबला करता हुआ अपनी मंजिल की ओर अग्रसर है। शिमला स्थित राष्ट्रपति निवास, जो कि

अब उच्च अध्ययन और बौद्धिक विमर्श का राष्ट्रीय केन्द्र है, वहाँ एक शोध अध्येता के रूप में पहुँचने वाले पहले दलित विद्वान के रूप में डॉ. श्यौराज सिंह का पहुँचना उनके लिए ही नहीं, समूचे दलित समाज के आयोजन कर आपने 'दलित विमर्श' को राष्ट्रीय विमर्शों की सूची में समाविष्ट करा दिया। इसका समूचे भारतीय साहित्य पर व्यापक प्रभाव पड़ा है।

डॉ. बेचैन शोध अन्वेषक के साथ-साथ श्रेष्ठ समीक्षक और कथाकार के रूप में भी राष्ट्रीय पहचान रखते हैं। साहित्य की विभिन्न विधाओं में मौलिक लेखन के लिए डॉ. श्यौराज सिंह को 'साहित्य भूवज' सहित राष्ट्रीय स्तर के कई सम्मान और पुरस्कार आत्मकथा छपने के पहले ही प्राप्त हो चुके हैं।

मेरा मानना है कि डॉ. बेचैन को काव्य के क्षेत्र में सर्वाधिक प्रसिद्धि मिली है। उनका सम्पूर्ण व्यक्तित्व ही काव्यमय है। 'क्रौंच हूँ मैं' काव्य-संग्रह के प्रकाशन के साथ ही इनकी काव्य के क्षेत्र में व्यापक ख्याति हुई। इस संकलन की कुछ कविताएँ लखनऊ विश्वविद्यालय के एम.ए. पाठ्यक्रम में दलित साहित्य समाज और दलित साहित्य के विकल्प प्रश्न-पत्र हेतु चयनित की जा चुकी हैं। देश के अन्य विश्वविद्यालयों में भी इनकी कविताएँ पढ़ाई जाती हैं। इनके काव्य का दलित समाज और दलित आन्दोलन पर व्यापक प्रभाव पड़ा है। दलित अस्मिता जागरण के क्षेत्र में इन कविताओं ने केन्द्रीय भूमिका का निर्वहन किया है। आपकी कविताएँ आठवें दशक के आरम्भ से स्थानीय और राष्ट्रीय समाचार-पत्रों में प्रकाशित होने लगी थीं। तब से अब तक आपने शताधिक कविताएँ लिख कर दलित साहित्य के आन्दोलन को नयी ऊर्जा और सही दिशा प्रदान की है। उन सैकड़ों कविताओं में से कुछ चुनी हुई प्रतिनिधि कविताओं का एक संकलन प्रकाशित करने का संकल्प पूरा होने जा रहा है। अनेक कवि मित्रों और दलित साहित्यकारों के अनुरोध पर डॉ. श्यौराज सिंह ने अपनी चुनी हुई प्रतिनिधि कविताओं का एक संकलन मेरे सम्पादन में भी प्रकाशित करने की सहमति दे दी है। यह प्रतिनिधि कविताओं का संकलन भी उसी की परिणति है।

इस संकलन में उन कविताओं को चयनित किया गया है जिनमें सदियों से सोए हुए आम दलित जन को जाग्रत करने, उनमें जातीय स्वाभिमान भरने, उन्हें दलित संस्कृति से रूबरू कराने और उन्हें अपने अधिकारों के प्रति सचेष्ट करने का आह्वान किया गया है।

डॉ. श्यौराज सिंह बेचैन प्रतिष्ठित और जिम्मेदार दलित साहित्यकार और अम्बेडकरवाद के प्रबल समर्थक हैं। बाबा साहब डॉ. अम्बेडकर हमें बहुत पहले ही आगाह कर गये थे कि "हिन्दू सभ्यता मनुष्य को सदैव से गुलाम बनाए रखने की एक शैतानी साजिश है।" उस साजिश के खिलाफ आज का दलित साहित्यकार स्वयं लामबन्द होकर हर मोर्चे पर लड़ रहा है। डॉ. श्यौराज सिंह साहित्य क्षेत्र की इस लड़ाई

में बहुत आगे बढ़ चुके हैं। इन्होंने अपने शोध एवं मौलिक सृजन दोनों ही दलितों और स्त्रियों की समस्याओं पर केन्द्रित किए हैं। इनकी प्रायः सभी रचनाएँ दलितोत्थान तथा दलित आन्दोलन का खाका खींचती हैं। मनुवादी वर्णव्यवस्था पर जबर्दस्त हमला करती हैं तथा यथास्थितिवाद के विरुद्ध संघर्ष का खुला ऐलान करती हैं। इन कविताओं में एक ओर अम्बेडकरवाद की जय-जयकार है तो दूसरी ओर असमानता और ऊँच-नीच के विरुद्ध कड़ी फटकार भी है। प्रायः सभी कविताओं का मूल स्वर व्यवस्था परिवर्तन के साथ-साथ दलितों को स्वाभिमान से जीने का हुनर सिखाना है। जातिवाद के विरुद्ध अपने समुदाय को जाग्रत करने की आकुलता प्रायः हर कविता में देखी जा सकती है। मैंने दलित साहित्य के आरम्भ में जो मानक निर्धारित किए हैं, उन दसों मानकों की कसौटी पर डॉ. बेचैन का काव्य खरा उतरता है।

कुछ कविताओं में कवि की आपबीती घटनाएँ चित्रित हैं जो कि आत्मकथा-सा आस्वाद देती हैं। माता-पिता की स्मृति में लिखी गयी कविताएँ इसी श्रेणी में रखी जा सकती हैं। दलित साहित्य में दलित साहित्यकार का अपना समाज और उसका स्वयं समूचा व्यक्तित्व समाविष्ट मिलता है। उसका खुद से पृथक कोई वजूद नहीं होता, पूरी रचना प्रक्रिया में परिवार, परिवेश और भोगे गये त्रासद जुगुप्सापूर्ण जीवन का चित्रण अपने आप ही चित्रित होता जाता है। दलित लेखन में खुद से काटकर कुछ नहीं लिखा जाता है। कपोल-कल्पित वाक्जाल, रस-अलंकार तथा छन्द आदि से यह साहित्य पूरी तरह युक्त है। किसी तरह की बनावट तथा फैंटेसी इस साहित्य में नहीं मिलती। दलित लेखक का अपना यथार्थ जीवन और उसके साथ हुए बर्ताव का बिना लाग-लपेट के जस का तस उसकी अपनी निज भाषा (बोली) में तथ्यात्मक चित्रण मिलता है। आज़ाद हुए भारत में दलितों के हिस्से का उनका अपना भारत कहाँ है? झाड़ू लगा रहे या मैला ढो रहे लोगों को लोकतंत्र ने क्या दिया है? सारी बदतमीजियाँ हमारे लोगों के साथ ही क्यों होती हैं? कवि द्वारा इन प्रश्नों को कविता के माध्यम से जोरदार ढंग से उठाया गया है। 'उसे तलाश करो' व्यंग्य-कविता के इन शब्दों में तलाश जारी है—

पचास साल से, आज़ाद हुआ बैठा है
मेरी बस्ती में कौन है, वो कहाँ बैठा है?
उसे तलाश करो, ढूँढ़ कर लाओ उसको,
स्वराज किसके लिए है, यह बताओ उसको।।

बाबा साहब डॉ. भीमराव अम्बेडकर को स्मरण करते हुए कवि श्यौराज सिंह ने एक मार्मिक चित्र प्रस्तुत किया है—

तुम आये,
तो राहत आयी थी

सदियों की चुप्पी टूटी थी,
उस वक्त,
लगा मुर्दों में भी
बह निकली धारा जीवन की।
वह वक्त गया
और तुम भी गये
दलितों को मुकम्मल हक न मिले............!

'होरी' शीर्षक से एक अन्य कविता में बड़ी स्वाभाविक टिप्पणी है–
हो गया आज़ाद–
'होरी'
पर जुल्म जारी भी है।
....
माना डेमोक्रेट है
निज देश की आबोहवा
दूसरी शक्लों में
'होरी' पर जुल्म जारी भी है।

15 अगस्त 1983 के चन्दौसी टाइम्स में 'घोर अन्धकार है', शीर्षक से एक लम्बी कविता प्रकाशित हुई, जिसमें अन्धकार को नेस्तनाबूत करने के लिए दीप जलाने का मशविरा है–

बड़ी उदास रात है,
न मेल है न प्यार है,
जलाओ दीप साथियो
कि घोर अन्धकार है।...........
कहाँ स्वतन्त्रता, कहाँ
समाजवाद की लहर,
देश तेरी धमनियों में
भर दिया गया है ज़हर,
कली-कली उदास
बागवाँ ये क्या बहार है?

स्त्री विषयक कुछ कविताओं में औरत की गुलामी को कुछ यूँ बयाँ किया गया है–

किसी आँख में लहू है,
किसी आँख में पानी है,

औरत की गुलामी भी
एक लम्बी कहानी है...................... ।

डॉ. बेचैन ने कविता के माध्यम से दलितों की व्यथा-कथा, वेदना और मुफलिसी को ज्यों का त्यों दर्ज करने में सफलता पाई है। इस संकलन की सभी कविताएँ, बिना किसी उलझाव के दलित संस्कृति और दलित जीवन के यथार्थ को सप्रमाण प्रस्तुत करती हैं।

'क्रौंच हूँ मैं' संकलन के लिए डॉ. रजतरानी 'मीनू' ने कविताओं के चयन में पूरी सतर्कता बरती है। सभी कविताएँ पाठकों को दलित-विमर्श से जोड़ने में समर्थ हैं। श्रेष्ठ संचयन के लिए डॉ. मीनू को बहुत-बहुत बधाई।

वह और यह संकलन पाठकों के बीच अपना पैगाम लेकर उपस्थित हैं। सहृदय पाठक और दलित साहित्य में अभिरुचि रखने वाले अध्येताओं और शोधार्थियों के लिए संकलन दलित संस्कृति और दलित जीवन को समझने में मदद करेगा। इन कविताओं से लोकतंत्रात्मक मूल्यों को मजबूती मिलेगी, साथ ही समानता पर आधारित भारत के नव निर्माण में डॉ. श्यौराज सिंह बेचैन की भागीदारी भी सुनिश्चित हो सकेगी।

कबीर जयंती,

प्रो. कालीचरण 'स्नेही'

अध्यक्ष हिन्दी विभाग,
लखनऊ विश्वविद्यालय, लखनऊ
उत्तर प्रदेश

एक अच्छी कविता

अच्छी कविता
अच्छा आदमी लिखता है
अच्छा आदमी
अच्छा यानि कथित ऊँची जात में पैदा होता है।
ऊँची जात का आदमी
ऊँचा सोचता है
हिमालय की एवरेस्ट चोटी की बर्फ के बारे में।
या नासा की
चाँद पर हुई नई खोजों के बारे में।
अच्छी कविता
कोई समाधान नहीं देती
निचली दुनियादार ज़िन्दगी का
अच्छी कविता
पुरस्कृत होने के लिए पैदा होती है।
कोई असहमति-बिन्दु
नहीं रखती
निर्णायकों, आलोचकों और सम्पादकों के बीच।
अच्छी कविता
कथा के कर्ज़ को महसूस नहीं करती।
अच्छी कविता
देश-धर्म
रंग-नस्ल, जाति
लिंग के भेदाभेदों के पचड़े में नहीं पड़ती।
अवाम से बावस्ता नहीं और
निज़ाम से छेड़छाड़ नहीं करती।
अच्छी कविता
बुरों को बुरा नहीं कहने देती।

अच्छी कविता
अच्छा इंसान बनाने का जिम्मा नहीं लेती।
अच्छे शब्दों से
अच्छे ख़यालों से
सजती है अच्छी कविता।
अच्छी कविता
अनुभव और आत्मीय सबकी दरकार नहीं रखती।
कवि के सचेतन
संकलन की परिणति होती है अच्छी कविता।
अच्छी कविता
अच्छे सपने भी नहीं देती
अच्छे समय में साथ जरूर नहीं छोड़ती।
अच्छी कविता की
अच्छाई पूर्वपरिभाषित होती है।
अच्छी कविता
अच्छे दिनों में, अच्छे जनों में
हमेशा मुस्तैदी और—
मजबूती से उपस्थित रहती है
पर बुरे वक़्त में
किसी के काम नहीं आती
अच्छी कविता।

(जनसत्ता—रविवारी : 18-12-2011)

अफसोस

उफ्फ तुम
अभी भी खड़े हो
कतार, दर कतार
पीढ़ी, दर पीढ़ी
मन्दिर के बाहर।
मेहतर-महार
पासी चमार
चार हजार साल से
दर्शनाभिलाषी बने
गाँव-बस्ती से
तिरस्कृत और बहिष्कृत
आ खड़े हुए हो
प्रभु के आँगन में।
जबकि तुम्हें
पचास साल पहले
घुस जाना चाहिए था
स्कूलों, कॉलेजों और
साहित्यिक अध्यायों में,
मीडिया संस्थानों में
साधिकार।
आज तुम्हें
होना था पूरा नागरिक
आरक्षण-संरक्षण
की जरूरतों से ऊपर।
तुम्हें होना था
प्राध्यापक, वैज्ञानिक
राजनेता, कलाकार और पत्रकार।

पर अफसोस कि
तुम कहीं भी नहीं हो—
स्वतंत्र नागरिक की शक्ल में
और संवैधानिक संकल्पों के अनुसार।
तुम्हारी याचक-वृत्ति
और मुर्दों जैसी खामोशी को धिक्कार।
तुम दुनिया में न होने
से ज्यादा अप्रासंगिक हुए हो, सप्राण होते हुए भी।

(दैनिक राष्ट्रीय सहारा : 13-8-2000)

बाबा का ख़याल आया

(डॉ. बी.आर. अम्बेडकर को 14 अप्रैल 1990 में 'भारत रत्न' दिए जाने के मौके पर लिखी गयी कविता)

बयालीस बरस बीते
आज़ादी-ए-भारत को
अब आ के हमें अपने
बाबा का ख़याल आया।
आया यह गनीमत है
जम्हूरी हुकूमत में
जातों के झमेलों में
धर्मों के बखेड़ों में
वोटों के लिए चाहे
वाज़िब यह इनाम आया।
अब आ के हमें अपने
बाबा का ख़याल आया।
भीष्म की तरह जिनके
गिन-गिन के तीर झेले
धृतराष्ट्र के बेटे थे
कुछ थे 'मनु' के चेले
अफसोस कि ज़ुल्मत पर
अब तक न विराम आया।
अब आ के हमें अपने
बाबा का ख़याल आया।
वर्णों के विभाजन में
गृहयुद्ध जातियों का
फल मिल नहीं रहा था
इंसान को मेहनत का
शोषण के सपोलों ने

था जाल-सा फैलाया
अब आ के हमें अपने
बाबा का ख़याल आया।
तालीम पे पाबन्दी,
रोटी के भी लाले थे
गोरों से कहीं ज़्यादा
ज़ालिम ये काले थे
महिलाओं के सिर पर भी
गर्दिश ही का था साया
अब आ के हमें अपने
बाबा का ख़याल आया।
सौ साल हो रहे हैं
बाबा के जन्मदिन को
आसार-ए-मुक्ति अब
दीखे किसी निर्धन को
ये कौन जिन्हें देखो
इस पर भी मलाल आया।
अब आ के हमें अपने
बाबा का ख़याल आया।
मरहूम को इज़्जत दी
अच्छा ही लगा हमको
पर दलितों पे सितम जारी,
बाबा पे करम क्यों है?
बयालीस बरस बीते
आज़ादी-ए-भारत को
अब आ के हमें अपने
बाबा का ख़याल आया।

(रविवार्ता : 22 अप्रैल 1990, नवभारत टाइम्स, नयी दिल्ली)

शिखर पर

साहित्य में घाघ
कला में कपटी
सियासत में शातिर
मीडिया में
मठाधीश
सिनेमा में
शिखर पर हैं
संसद में
मनोनीत
लोकतन्त्र के
माई-बाप
सर्वेसर्वा
अपने आप।
देश के सपने
देश की सुविधाएँ
देश के साधन
सब के सब
उनके घर पर हैं
वे शिखर पर हैं।

(जनसत्ता : 19-12-2004)

मेरे पूर्वजो

मेरी
स्मृतियों में
बार-बार आ रहे
मेरे पूर्वज
मेरे अस्तित्व पर
छा रहे मेरे अग्रज
मेरे कंठ से
वेदना को विद्रोह
बनाकर
मेरे पूर्वज
सुबह के
प्रकाश की किरणों के साथ
तुम्हारे आँसू
ओस की बूँदों की भाँति
दूर-दूर तक
छा गये मेरे पूर्वज
तुम सामान्य
रह कर न जी सके तो
तुम्हें महान बनने के
मौके कहाँ थे?
तुम्हारा धर्म
तुम्हारे विचार
किसी के बँधुआ थे।
और तुम
अपनी तरह के
अनोखे धर्मात्मा थे
तुमने

छिपा लिए थे संतापों के
समुद्र आँखों में
और तुम
शोषित
होने के संदर्भों से
बेख़बर थे
मेरे पूर्वज।

मैं तुम्हारे
ज़िस्म का अंश भर नहीं हूँ
तुम्हारी विवशताओं की
विरासत भी हूँ
कौन जाने कि
मेरे भीतर तुम्हारे आँसुओं
की ताप-भाप
मेरी अभिव्यक्ति की आग्नेय ऊर्जा
तुम्हारी है मेरे पूर्वजो

कहने को
तुम थे अछूत पर
सच तो वह भी है कि
वे तुम्हारी
निःस्वार्थ सेवाओं को
छू नहीं सकते थे।
जो नीच थे आचरण से
अनैतिक थे चरित्र से
जो असभ्य थे व्यवहारों से
और रिक्त थे प्यार से
जो मुखर थे तुम्हारी खामोशी से।

तुम्हारे तिरस्कारों की
लक्षणाएँ तलाशी नहीं जा सकतीं।
प्रतीकों में नहीं
रखे जा सकते

तुम्हारे वास्तविक संघर्ष।

मैं साक्ष्य भी नहीं
परिणति जरूर हूँ
मैं तुम्हारी विरासत से दूर हूँ
मेरे पूर्वजो!
मैं तुम्हारे तिरस्कार का नकार हूँ
तुम्हारे अतीत का भविष्य हूँ
तुम्हारी खो गयी मंज़िलों
बन्द हुए रास्तों का
दिशासूचक हूँ
सपनों में रहते
स्मृतियों में बैठे
चित्र के चरित्र का
वास्तविक बिम्ब हूँ मैं
मेरे पूर्वजो!

(जनसत्ता : 19-12-2004)

बहनों से बोलो

तुम्हें किनसे
शिकायत है,
मेरी माताओ
मुझ जैसे बच्चों से?
जिन्हें तुमने–
सामाजिक दास-अनुदास
होने के लिए पैदा किया।
तुम किससे
लड़ना चाहती हो मेरी बहनो
उस भाई से
जिसके हाथों में
हजारों साल से बेड़ियाँ पड़ी हैं
तुम्हें मेरा हाथ
बन कर
मेरे साथ
आना है या मेरे
दूसरे हाथ में ज़ंजीर पहनाना है?
क्या तुम मुझे अपनी
आज़ादी का दुश्मन–
मानती हो मेरी बेटियो?
जबकि मैं खुद तरस–
रहा हूँ अपनी आज़ादी को।
इतनी छोटी कहाँ है
मेरी आज़ादी कि जिसमें
तुम्हें और तुम जैसियों को पूरी जगह न हो
या मेरी आज़ादी तुम्हारी आज़ादी ही न हो
और तुम

मेरी यात्रा की सहचरी
बेशक तुम
इस नर से बड़ी नारीवादी हो?
पर हो तो
मुझे भी दबा लो पंखों में
और उड़ो
विशाल पंछी की भाँति
नाप लो
पर्वत-समुद्र-धरती-आसमान
यह तुम्हें
तय करना है
कि इस अस्वस्थ रंक को
राजतंत्र
की घृणा में जिलाओगी
या लोकतंत्र
की आज़ाद दवा पिलाओगी
तुम मेरी
परछाइयाँ मत पकड़ो
जहाँ अँधेरा गहरा है
जहाँ दुख-दर्दों का डेरा है
मैं वही हूँ
इसलिए
प्रकाशितों को साफ-साफ देखता हूँ
स्टिंग ऑपरेटर की भाँति
मैं चोर और शाह की पहचान कर सकता हूँ।
जानता हूँ
सोने वाले सुबह का इन्तज़ार करेंगे।
नींद टूट भी गयी तो भी
लिहाफ में मुँह छिपा कर पड़े रहेंगे।
पर तुम जागो
जब तक रात है
जब तक यह जद्दोजहद है
तब तक मेरे पास
यह मशाल-सी कविता है

कविता को
तुम्हारी सूरत-सीरत सब पता है
कविता को तुम पर विश्वास है
तुम लड़ो
तुम कुछ भी करो
पर यह न भूलना कि
नारीवाद
केवल लिंग भेद का नाम नहीं है
बड़ी-बड़ी
गुलामियों को छोटी-छोटी
आज़ादियों से मत तोलो
नया रास्ता तो तुम्हारे पास है
भीड़ के साथ मत हो लो
और हाँ मत सुनो
मेरे जैसे उपदेशिए का एक भी वाक्य
वे तो अस्पृश्यता का बर्ताव भूलें
और तुम अपनी बहनों से बोलो
जल्दी यों कि देर हुई तो मंज़िल मर जाएगी।

(जनसत्ता : 11 मार्च 2007)

भगत सिंह

युद्ध के इतिहास में जो श्रेष्ठतम बलिदान है।
जिनके आत्मोत्सर्ग से आज़ाद हिन्दुस्तान है।
देश से बढ़ कर के कोई शय न होती थी जिन्हें
अब सियासत की ये साज़िश है भुला डालो उन्हें
और खुद ही इंकलाबी का लबादा ओढ़ लो
कुछ बचे या न बचे कुर्सी बचाओ मौज लो।
खुद अवामी मुश्किलातों का ज़िक्र ज्यादा करो
काम जो करने न हों उनके लिए वायदा करो।
दूरदर्शन कैमरे के सामने रोने लगो
पहले यह नाटक करो फिर भोली जनता को ठगो।
मज़हबों का ज़हर दो, क़ौमी फ़सादों की दो आग
दावा ये हम ही गरीबी का मिटा सकते हैं दाग।
वार्ता करके किसी की एक भी मानो न माँग
पर कहे जाओ लगाएँगे सदी लम्बी छलाँग।
वस्त्र, भोजन और आवासीय समस्या हल नहीं
पर ये कहना रहनुमाओं ने किया कोई छल नहीं।
देश को लन्दन था ज्यों नेताओं को संसद हुई
जा चुके अंग्रेज, नेताओं की फ़ितरत क्यों रही?
औरतें ज़िन्दा जलें या खुदकुशी बाला करें
डिग्रियाँधारी हजारों दर-ब-दर मारे फिरें।
क्या करें जब वर्दियाँ अस्मत पे ढा जाएँ कहर
क्या करें जंगल हो जब तहज़ीब का सारा शहर।
थे जहाँ गोरे वहीं काले नज़र आने लगे।
हट गये काँटे तो क्या भाले नज़र आने लगे।
फिर चुनौती सामने है, ध्वस्त होना है निज़ाम
शोषकों की मंडली में फिर मचेगा कोहराम।
अपने सपने, अपनी खुशियाँ, अपने हक़ लेगा अवाम।

(भगत सिंह की शहादत दिवस पर हुई एक संगोष्ठी में)

समूह-गान

नौजवां नया 'जहाँ' बनाएँगे।
नौजवां नया 'जहाँ' बनाएँगे।
खुशहाली हर किसी को हो—
उजाली हर किसी को हो।
जो आसमान की रही—
वो रोशनी जमीं की हो।
हमीं 'शमाँ' जलाएँगे-जलाएँगे।
नौजवां नया 'जहाँ' बनाएँगे।
नौजवां नया 'जहाँ' बनाएँगे।
जात-पाँत का तनाव
ऊँच-नीच, भेदभाव
पेट के सवाल का
जो दे नहीं सके जवाब
ऐसी रहनुमाई अब न चाहेंगे।
नौजवां नया 'जहाँ' बनाएँगे।
ये जो साम्प्रदायिकता की आग है—
भाल पर दरिद्रता का दाग है।
जिसके खून ने वसंत ला दिया—
ज़िन्दगी उसे 'खिजाँ' का बाग है
'यूँ' कैसे बागवाओं को सराहेंगे।
नौजवां नया 'जहाँ' बनाएँगे।
मर्द-औरतों में फ़र्क है अभी
जमीं पे बेबसी का नर्क है अभी
दहेज कोढ़ है अभी समाज में
बराबरी कहाँ है इस निज़ाम में
कदम हमारे पर न लड़खड़ाएँगे।
नौजवां नया 'जहाँ' बनाएँगे।

जिनके वास्ते, शहादतें हुईं
वे सच्चाइयाँ कहावतें हुईं
जब भी हो गयी सितम की इन्तहाँ,
जानते हैं सब बगावतें हुईं
हम भी मिलके मुक्ति-गीत गाएँगे
नौजवां नया 'जहाँ' बनाएँगे।
पी गये आँसुओं के साथ रात।
कह नहीं सके थे, दिल की बात रात,
हम सुबह के वास्ते ही आये हैं
हम सुबह जरूर लेके आएँगे
नौजवां नया 'जहाँ' बनाएँगे।

विश्व की वसुन्धरा सुहागिनी बनी रहे

गगन में सूर्य-चन्द्र
और चाँदनी बनी रहे
चमन बना रहे
चमन की स्वामिनी बनी रहे।
कोयलों के
कंठ की माधुरी बनी रहे।
रागियों के–
अधरों की रागिनी बनी रहे।
गूँजते रहें
भ्रमर किसलयों की चाह में,
मेल-प्यार
हो अपार, ज़िन्दगी की राह में
सब
तरु सरस रहें, न पात टूट भू गहें।
कली-कली–
की गोद, नित सुगन्ध से भरी रहे।
ये गिरि–
शिखर बने रहें, ये सुरसुरी बनी रहे।
भँवर को
चीरती चली, प्रगति 'तरी' बनी रहे।
छूतछात
जातिभेद की प्रथा नहीं रहे।
लोकतन्त्र
हो सजीव, मनुकथा नहीं रहे।
गरज ये कि
तृतीय विश्व युद्ध नहीं चाहिए।
विश्व की–

वसुन्धरा सुहागिनी बनी रहे।
हवा सुचैन
शान्ति की सदा सुहावनी रहे।
नहीं रहे तो
देश की दरिद्रता नहीं रहे।
आदमी की आदमी से
शत्रुता नहीं रहे।
ये भुखमरी नहीं रहे,
ये खुदकुशी नहीं रहे।
देवियों की
देह की तस्करी नहीं रहे।
मनुष्यता
की भावना प्रबल घनी बनी रहे।
चमन बना रहे
चमन की स्वामिनी बनी रहे।

लोक मल्हार

सुन बहिना!
मेरे जियरबा की बात
उदासी मेरे मन बसी।
सैंया तलाशें री बहना नौकरी
देवर स्वप्न में फिल्मी छोकरी।
मेरी बहिना, ननदी
तलाशे भरतार, ससुर
ढूँढे लखपति........मेरी
मैं ना पढ़ी, न
मेरे बालका
शोषण करे हैं
मेरे मालिका
मोइ न मिल्यौ री
स्वराज।
मेरी बहना
गुलामों जैसी ज़िन्दगी।
सुन बहना
मेरे जियरबा की बात
उदासी मेरे मन बसी
कड़वी, दुखीली,
बैरिन रात है।
रोटी-रोजी की
उलझन ख़ास है।
मेरी बहना ललुआ
पड़यौ है बीमार
नक़द माँगे वैद्य जी....मेरी
करजा में गिरवी

खेती बाप की
माया है पटवरिया
के पाप की
मेरी बहना
पुलिस, वकीलन की मार,
पड़ी है मोपे बेतुकी।....
मायके रहूँ
या ससुराल में
मैं तो हूँ जैसे
मछली जाल में
मेरी बहना, करके
अमीरी को ढोंग,
गरीबी मेरे घर बसी।.....
मेरी बहना मेरे जियरबा की बात
सोने की कीमत
राशन है गयौ
स्नेह सुख को सपनो
सपनो ही रह गयौ।
मेरी बहना, नैया पड़ी है
मझधार,
समूचे मेरे देश की।....
मेरी बहना मेरे जियरबा की बात
उदासी मेरे मन बसी।।

लड़की

(1)

कभी व्रत, कभी जाप, करवाते हैं माँ-बाप
पर दहेज अभिशाप का शिकार हुई लडकी।
धन लोभी मिले कंत, दुख देवें हैं अनन्त
क्या विकास के बसंत पतझर हुई लड़की।
लगे 'वर' का बाज़ार, कौन पूछे मेल-प्यार
होनी थी जो कंठहार, क्या कटार हुई लड़की।
सोचना है हरहाल ज़िन्दगी का है सवाल
हल, अंखियों के जल में निकाल रही लड़की।

लड़के

(2)

लिख पढ़ के, बेकार, जिन्दगानी भई भार,
माँगते हैं, रोजगार, बार-बार लड़-लड़के।
तोड़ें मंत्री जी की कार, छीनते हैं पुष्प-हार,
झूठ बोलता है रोजदरबार डर-डर के।
झूठे हैं दुआ-सलाम, हर चीज के हैं दाम,
रचें झगड़ों के चित्र, भू खा गई चरित्र।
मित्र अपनों में शत्रुता बढ़ा रहे हैं लड़के।।
कहाँ प्रगति कहाँ शान्ति,
सब ओर है अशन्ति
सिर चकराये यार
अखबार पढ़-पढ़ के।।

(दैनिक दिव्य प्रकाश : बरेली, 16-3-1985)

इक्कीसवीं सदी की ओर

लाया हूँ तजुर्बात,
इस राहे गुजर से मैं।
क़ातिल के साथ ही था
मसीहा के डर से मैं।।
मेहनत के सितारे हैं
ज़मीं पर गिरे हुए।
प्रगति के चाँद-सूर्य
शान्त शर्म से हुए।।
आँखों में जलेखा के
अश्क झूल रहे हैं।
श्रम सिय सिमट रही है
राम फूल रहे हैं।
अधभूखे बालकों में
समाया है बुढ़ापा
पाकीज़गी ने ओढ़ा है
दौलत का सरापा?
अपमान
अभावों में कई पूर्वज मरे
मुर्दों से भी गये थे
जो संघर्ष से डरे।
19वीं के अन्त में
सबसे अपढ़ हैं हम
नहीं जीविका के साधन
और घर-ब-दर हैं हम
यह राज है पर्दे का
बाहर बताएँ क्या!
इक्कीसवीं सदी में
ऐसे ही जाएँ क्या?

(अमर उजाला : बरेली)

टिकाऊ पति

परिवार नियोजन के
कार्यकर्त्ताओं ने
एक बेरोज़गार युवक के
मकान के बाहर, दीवार पर
लिख दिया–
''पहले कमाएँ
फिर दुल्हन लाएँ''
युवक ने इस नारे को
पत्नी के पक्ष में समझ लिया
और
एक नया नारा तैयार किया–
''दुल्हनें खुद भी कमाएँ
दूल्हे, जो बेरोज़गारी के कारण
गृहस्थी से पलायन कर रहे हैं
उन्हें टिकाऊ पति बनाएँ।''

(दैनिक अमर उजाला)

अँगूठा दिखाइये

गरीबी हटाने की बात
करके, उसे बढ़ाते हुए
बार-बार संकल्प दोहराते
इनके क्रियाकलाप रस्मी हैं।
फिर पेट के सवाल पर
देश का नाम ले-लेकर
तकरीरें व तकरारें बढ़ी हैं।
पूँजीवादी साँप दूध पर पले हैं
कामगारों के पेट, पीठ से सिले हैं।
समाजघाती लोग—
समाजवाद ला रहे हैं।
भोले कमा रहे हैं।
चतुर चरे जा रहे हैं।
अपनी राक्षसी सूरत पर
मानवी नकाब चढ़ा कर
घड़ियाली आँसू बहा रहे हैं।
ऐसे लोग कथनी-करनी
का भेद नहीं मिटा सकते।
चुनाव में हम उन्हें
अँगूठा दिखा सकते हैं

वे विश्वास-मत नहीं पा सकते।
पर क्या हम
शासक बन सकते हैं
और क्या हम
उन्हें शासित
नहीं बना सकते?
हम अपनी
आज़ादी, अपना राज
नहीं ला सकते?

कुर्सी

कुर्सी ताकत
कुर्सी क्रूर
कुर्सी निठल्ली
श्रम से दूर।
कुर्सी सम्पन्नता
के मद में चूर।
कुर्सी घूमती है
इस पर रखी देह
मुझे घूरती है
कुर्सी शर्माती है
देह कुछ गर्माती है
कुर्सी छिपना चाहती है।
देह मुझे चिढ़ाती है
पूछती है अर्थ
सेवाएँ हैं व्यर्थ
कुर्सी कुँवारी 'माँ' सी
पैसे की नाज़ायज
सन्तान को देती है बढ़ावा।
करती है पाकीज़गी का दावा
कुर्सी लगती है
खलनायकों में फँसी सचरित्रा।
उसकी नस-नस
मुक्ति के लिए
छटपटा रही है
पाँव के नीचे का

वीराना नहीं दिखता
परन्तु
नालायक को
21वीं सदी
गुलजार
नज़र आ रही है।

घोर अन्धकार है

बड़ी उदास रात है
न मेल है न प्यार है।
जलाओ दीप साथियो
कि घोर अन्धकार है।
सिसक रहा है चाँद अब
तड़प रही है चाँदनी।
गली-गली दरिद्रता
सुना रही है रागनी।
ज़िन्दगी गरीब की
अमीर का शिकार है।
जलाओ दीप................
कहाँ स्वतन्त्रता, कहाँ
समाजवाद की लहर
देश तेरी धमनियों में
भर दिया गया है ज़हर
कली-कली उदास
बागवाँ ये क्या बहार है।
जलाओ दीप................
साधुओं का भेष आज
डाकुओं का भेष है
दुखीः बहुत और चन्द खुश
तो क्या स्वतन्त्र देश है?
साधना के म्यान में भी
वासना कटार है।
जलाओ दीप................
जाति, धर्म, मज़हबों के
नाम पर लड़ाइयाँ

बेकसूरवार लोग
सह रहे तन्हाइयाँ
मन्दिरों और मस्जिदों
की आड़ में प्रहार है।
जलाओ दीप...............
नींद की गिरफ्त में
चली गयीं जवानियाँ
क्रान्तिकारिता की शेष
रह गयीं कहानियाँ
हुकूमतों को जुल्म का
नया नशा सवार है।
जलाओ दीप...............
राग सब जुदा-जुदा
सुना रही हैं जातियाँ
जला हमारा खूने दिल
न दीप हैं न बातियाँ
स्वतन्त्रता समानता का
बेसुरा सितार है।
जलाओ दीप...............
दलित हनन
नारी दहन
या क्रूरता का जिक्र हो
उसी के सिर को दर्द है
जिसे वतन की फ़िक्र हो
पंजाब चैन से नहीं,
बिहार वेकरा है।
जलाओ दीप...............
भूख बेबसी कीं
मंडियों में बिक रही है लाज।
राम-रावणों ने
त्रस्त कर दिया दलित समाज।
अनसुना बलात्कारिता–
का चीत्कार है।
जलाओ दीप...............

नौकरी तवायफों-सी
माँगती हैं दाम दो
भलों की लिस्ट में
रखा है रिश्वती के नाम को
रोज़गार-दफ्तरों पै
लग रही कतार है।
जलाओ दीप................
रोशनी की सुन्दरी के
अपहरण को रोक दो।
स्वयं सुदीप हो तुम्हीं
तिमिर को दूर फेंक दो।
अगर कबीर, बुद्ध,
जायसी का
इन्तज़ार है, तो
जलाओ दीप साथियो
कि घोर अन्धकार है।

सौ में सत्तर फीसदी इंसान को गुलामी है

आपको झुंड जो
घबराया हुआ लगता है।
देश इन हाथियों का
सरमाया हुआ लगता है।
जम्हूरियत पै जो
छाया है तबाही की तरह
हर कसाई को
जिताते रहे भाई की तरह
उसका दावा कि
मुफलिसी से दिला देंगे निजात
गन्दगी दूर
सियासत से करें रातों-रात।
हाथ को काम—
हरेक पेट को रोटी देंगे।
बेपनाहों के लिए—
घर भी मुहैया होंगे।
अवाम फिर भी
अपढ़, फिर भी दुखी
फिर भी उसे लाचारी
एक तरफ कहकहे हैं
सब तरफ है बेज़ारी।
भूख है, लूट है—
और ज़िस्म की नीलामी है
सौ में सत्तर—
फीसदी इंसान को गुलामी है।
जलती नारी है कहीं।
है कहीं शाही-शादी

है फक़त
एक-दो कुनबों में जश्ने-आज़ादी
चुनावी खेल
में अन-एक दशक बीत गये
सवाल हल
नहीं हुआ है एक बुनियादी
वो ये कि
तंत्र बड़ा है या लोक ताकतवर
हाँ, प्यालों को
बदलने से 'मय' नहीं बदली।
बदले कपड़ों
का असर क्या शरीर रचना पर।
एक ही हल
है फक़त इंकलाब आने दो
समाजवाद
से नफरत है उसे जाने दो।
हमारे खून से
जलने दो फिर नये दीपक
इस घटाटोप
अँधेरे से पार पाने दो।
जाति-मज़हब
धर्म के रोड़े हैं
वरना एक दिन में—
एक-एक है दुनिया
आप
चश्मे से देखते कुछ हैं
मेरे
नक्शे में नेक है दुनिया।

(साप्ताहिक दिनमान से)

ग़ज़ल

दिल के भीतर हज़ारों-हज़ारों दीये।
ज़िन्दगी भर जलेंगे तुम्हारे लिए।।
दूर कितनी भी हों प्यार की मंज़िलें।
आग पर भी चलेंगे तुम्हारे लिए।।
शर्त ये है हमें आप आवाज़ दें।
जहनियत में पड़ीं बेड़ियाँ तोड़ दें।।
मेरी साँसों की खुशबू में डूबे सुमन।
क्यों नहीं फिर खिलेंगे तुम्हारे लिए।।
और सपना नहीं, कोई अपना नहीं।
एक अहसास है वेदना साथ है।
गीत फूलें-फलेंगे तुम्हारे लिए।।

आज़ादी अभी?

आज़ादी अभी अधूरी है–
सच है यह बात समझ प्यारे।
कुछ सुविधाओं के टुकड़े खा–
मत नौ-नौ बाँस उछल प्यारे।
गोरे गैरों का ज़ुल्म था कल
अब सितम हमारे अपनों का
ये कुछ भी कहें, पर देश
बना नहीं भीमराव के सपनों का।
एक डाल ही क्यों? एक फूल ही क्यो?
सारा उद्यान बदल प्यारे।
आज़ादी अभी अधूरी है।
सच है ये बात समझ प्यारे।
है जिसका लहू मयखाने में
वो वसर आज तसना-लव है
कुत्तों की हालत बदली है
दलितों की ज़िन्दगी बदतर है।
कर हकों की ठंडी बात नहीं
बदलाव की आग उगल प्यारे
आज़ादी अभी अधूरी है।
सच है ये बात समझ प्यारे।
यह सोच कुँवारी बहन है क्यों?
माँ-बाप का दिल बेचैन है क्यों?
पढ़-लिख के मिली बेकारी क्यों?
मेहनत का फल बेज़ारी क्यों?
तू मेरे ग़म की बात न कर
अपना तो दर्द समझ प्यारे।

आज़ादी अभी अधूरी है।
सच है यह बात समझ प्यारे।
नेता, तस्कर धनवान हैं क्यों?
हम दलितों का अपमान है क्यों?
भूखे-नंगे भिखमंगों से
भर रहा ये हिन्दुस्तान है क्यों?
शोषक जाति और धर्मों
के भी बने देश में दल प्यारे।
आज़ादी अभी अधूरी है।
सच है यह बात समझ प्यारे।
तू वर्दी के व्यभिचार देख
खादी की कोठी-कार देख
पहले पॉकेट का भार देख
फिर रिश्तों का बाज़ार देख
रोटी, कपड़ा, मकान, शिक्षा—
का कुछ प्रबन्ध तो कर प्यारे।
आज़ादी अभी अधूरी है।
सच है यह बात समझ प्यारे।
हाँ, पूँजीवादी दानव से
खतरे में है शोषित मानवता
गूँगे-बहरों से क्या कहिए?
अटकी है गले में व्यथा-कथा।
पत्थर दिल पर, कोई असर नहीं
मैं तिल-तिल रहा पिघल प्यारे।
आज़ादी अभी अधूरी है।
सच है यह बात समझ प्यारे।
जिनके हाथों से महल बने
वे खुली सड़क पर लोग पड़े
तन पर कपड़े का तार नहीं
बुन-बुन कर के भंडार भरे
खूँखार भेड़िया-सा दिल में
सरमायेदारों का है डर प्यारे।
आज़ादी अभी अधूरी है
सच है यह बात समझ प्यारे।
'बन्दी' बेगुनाह, बरी खूनी

क्या यह सारा कुछ कानूनी?
मजदूरों की दुनिया सूनी
बढ़ रही मुसीबत दिन दूनी
पट्टे दलितों के नाम
खेत में गैर दलित का हल प्यारे।
आज़ादी अभी अधूरी है।
सच है यह बात समझ प्यारे।
निज देश की कंचन काया में
यह वर्ण-विषमता कोढ़ हुआ।
कहीं शोषक, शासक बन बैठा
कहीं दोनों में गठजोड़ हुआ।
क्या लोकतन्त्र? कल के राजे—
गये मन्त्री बन, सज-धज प्यारे?
आज़ादी अभी अधूरी है।
सच है यह बात समझ प्यारे।
भूखों की भूख मिटा न सकी,
शोषण और लूट बचा न सकी।
जिस सुबह की ख़ातिर दलित मरे
वो सुबह अभी तक आ न सकी
दुख-सुख समान किस तरह बँटें
यह युक्ति सोच पल छिन प्यारे।
आज़ादी अभी अधूरी है।
सच है यह बात समझ प्यारे।
मजबूत हैं हम, कमज़ोर नहीं।
अपना निर्माता और नहीं
मिल बैठें लें तकदीर बदल
दुनिया भर की तस्वीर बदल
मत अवतारों की राह देख
कर स्वयं समस्या हल प्यारे।
कुछ सुविधाओं के टुकड़े खा
मत नौ-नौ बाँस उछल प्यारे।
आज़ादी अभी अधूरी है।
सच है यह बात समझ प्यारे।

सौ में सौ

सबसे ज्यादा अंक ले
हुई नवीना पास।
तभी साक्षात्कार को
गये नरोत्तम दास।।
गये नरोत्तम दास
बहन जी उत्तर दीजे।
सौ में सौ मिल गये
आपको नम्बर कैसे?
कहता सच 'श्यौराज'
गार्जियन ने बतलाया।
यह सब है इसके प्यारे
गुरुओं की माया।।
है गुरुओं की कृपा—
दृष्टि के लायक लाली।
मैनेजर की बहन,
प्रिंसिपल की है साली।।

सितम सवाए हैं

दीपक जलाए तो अँधेरे में बिठाए हम
सुमन बिछाए तो करीलों पै चलाए हैं।
देश में स्वतन्त्रता-सी आबो-हवा है ही नहीं,
कैसे हैं अमल नीति कैसी योजनाएँ हैं?
आज हू जमींदार, जुल्म कराए रहे
आज हूँ दलित जन ज़िन्दा जलवाए हैं।
क्या 'जहानाबाद' का सितम हम भूल जाएँ
जहाँ बच्चे, बूढ़े, औरतें
भी जीवित जलाए हैं।
कानपुर वाली तीन बहनें कैसे भूली जाएँ
जो दहेज की वज़ह से फाँसी चढ़ जाए हैं
भान नहीं लीडरों को, ध्यान नहीं लीडरों को
आप ही कहाँ ये जिम्मेदारियाँ निभाए हैं।
परित्यक्ता-सी जनता को छोड़ देनेवाले
बार-बार देखे-भाले रहनुमा बनाए हैं।
कैसा है स्वराज, किस आदमी का राज?
जब आसुँओं की नयनों के नभ में घटाएँ हैं।
रोजी-रोटी का अभाव
ज़िन्दगी जुए का दाँव
गहरा और हुआ घाव
कैसे मरहम लगाए हैं?
डरता झेंपता किसान डग-डग अपमान
व्यर्थ गये बलिदान देशभक्त पछताए हैं।
देख दरोगा की मार हमें ऐसो लगे यार
जुल्मी गोरे कछु नाए अब सितम सबाए हैं।
पुलिस वकील हों या लालची चिकित्सक
ये गिद्ध हैं इन्हीं ने हम नोच-नोच खाए हैं।

देखे कृषि-मजदूर
मुक्ति है असीम दूर
स्वप्न चैन के हैं चूर
'दौरे-हाजिर'* डराए हैं।

---

* दौरे हाजिर=वर्तमान।

हमें कोई ग़म नहीं है

दंगे-फसाद का डर
वर्दियों से ढक दिया शहर।
जाति और फिरकों का—
आदमी में भर दिया ज़हर।
महँगाई भुखमरी का—
आलम बिगड़ रहा है।
है बागबाँ निगेबाँ—
गुलशन उजड़ रहा है।
धन्धा है कमाई का
जरदार को शादी भी
पहली बहू जला दी
फिर दहेज मिल रहा है।
सौ मील पे होता है
'बेकार' का 'इंटरव्यू'
बड़ा रेल का किराया
यह करम भी कम नहीं है।
जो देश बेचते हैं—
उन्हें देश की चिन्ता है।
हम लोग तो
वोटर हैं, हमें कोई गम नहीं है।
पंजाब की हालत पर
दिल लाख रो रहा है।
लुट-पिट बिहार
फिर से तैयार हो रहा है।
दावा ऐ रहनुमा है
कोई आँख नम नहीं है।
हम लोग तो वोटर हैं

हमें कोई गम नहीं है।
वे देश के सेवक हैं
स्विस बैंक का खाता क्या?
वो घूँस नहीं खाता
खाता तो खाता क्या?
ये ज़िक्र मुफलिसी तो
साज़िश विरोधियों की।
खुश है अवाम हमसे
ये बात है सदियों की।
उनसे वतन का पैसा
होता हज़म नहीं है।
हम लोग तो वोटर हैं
हमें कोई ग़म नहीं है।
वाह! क्या ज़म्हूरियत है
हम इसके पक्षधर हैं।
कुर्सी को जिन्स-दर-जिन्स
कब्जाए चन्द घर हैं।
तोंदें हैं जिनकी बोझिल
रोटी का फिक्र उनको।
गाँधी लिबास में ये
'हाथी सफेद' समझो।
कसमें सभी अधूरी
वायदे तमाम झूठे।
तो भी बने प्रत्याशी
बिल्कुल शरम नहीं है।
हम लोग तो वोटर हैं
हमें कोई ग़म नहीं है।
हर एक दल का नेता
'जर' और जाति वाला
किन मुश्किलों का बोलो—
किसने है हल निकाला?
सरकार है, दलितों की
लॉजिक में दम नहीं है।

हम लोग तो वोटर हैं,
हमें कोई गम नहीं है।
ताउम्र निठल्ले पर,
सब चीज़ के मालिक हैं
माँ का मुकुट नहीं है।
मुँह पर लगी कालिख है
अंग्रेज हैं भारत के
इसमें भरम नहीं है
हम लोग तो वोटर हैं,
हमें कोई गम नहीं है।

चार मुक्तक

(1)

फूल हैं लेकिन चमन से दूर हैं।
हैं सितारे पर गगन से दूर हैं।
देश की हर चीज़ के हक़दार हम
ऐसा लगता है वतन से दूर हैं।

(2)

हरेक दीये में जलाया गया हमारा लहू
हरेक रात हमें और अँधेरी आयी।
किसी भी देश का इतिहास बदल देती है
सड़क पर जब भी कोई कौम कमेरी आयी।

(3)

आवरण ही नहीं आचरण देखिए।
फिर नयी योजना का चरण देखिए।
इससे पहले कि चुनिए कोई रहनुमा
है जरूरी कि अन्तःकरण देखिए।

(4)

वतन जैसे जलता मकां हो गया
अमन-चैन का खात्मा हो गया
अछूतों को सुबहा तो आयी नहीं,
उजाला यहाँ खामखां हो गया।

आज

देश को डुबाने—
मझधार लेके जानेवाले
देश को बचाने
की दुहाई दे रहे हैं आज।
दलितों के हित में
नहीं हैं दलितों की माँग
काले अंग्रेज
साफ-साफ कर रहे हैं आज।
झूठ बोलने में
जो महारत हैं पाए हुए
सीधे, सच्चे होने के
खिताब ले रहे हैं आज
अमन-अहिंसा
की तो करते सुनाई नहीं।
हक-हिस्से खाइ कें
लड़ाई दे रहे हैं आज।
दे किसे रहे हैं
और देनेवाले कौन लोग?
हक़ लूटकर
न पैसा-पाई दे रहे हैं आज।
ऐसे दानदाताओं—
की है कहीं मिसाल कहो!
ले प्रकाश-अन्धकार
आततायी दे रहे हैं आज।
राहतों की घोषणाएँ
करते हैं बार-बार
देश को, समाज को
तबाही दे रहे हैं आज।

रंगभेद

सुख-सुविधाएँ
चमचों को मिल जाएँ बस्स
और कौन?
नेता को इलेक्शन लड़ाबैगो।
नस-नस में है—
गद्दारी खद्दरधारी तेरे—
तन को निहार—
मन कौन जान पाबैगो?
झुग्गियाँ जलाइ
के बनाए गये शीशमहल
कौन माँ को लाल
तेरी चाल जान पाबैगो?
सब ही दिशा में आज
लग जो रही है आग
कैसे बलिदानियों को देश बच पाबैगो।
एयर कंडीशन में
गद्देदार गद्दिन पै
बैठ के समाजवाद भाषणों से आबैगो।
दलितों के घर कहा
सारो देश जल जाए
भारत का पोरू तौऊ बाँसुरी बजाबैगो।
शिक्षा ना दिलाबैगो
सुरक्षा ना दिलाबैगो।
रोटी-रोजी जैसी
हर माँग को दवाबैगो।

अधिकारियों ने जो
डकारि लियो बाँट लियो।
अनुदान-ऋण जन-सिर चढ़ जाबैगो।
काटवे कू काहू
वोट बाज को मिलेगी नहीं
दलित, किसान ऐसी फसल उगाबैगो
देश से मिटायो ना
गयो है जासे जातिवाद
वो अफ्रीका को रंगभेद मिटबाबैगो?
यानी ये पुरस्कार
लिये जाओ बार-बार
कि देश मेरौ एक
ऊपर बीसवीं में जाबैगो।

नारा बस

वर्दियों के साये में
पनपते हों अपराध
भ्रष्ट अधिकारियों
का जहाँ बोलबाला हो।
देश की स्वतन्त्रता
वहाँ विडम्बना है जहाँ
रोशनी की भीख
अन्धकार देनेवाला हो।
पक्ष का प्रभाव
या विपक्ष का दबाव
दोनों पाट बीच
जनता बन रही मसाला हो।
कोई बदलाव
ज़िन्दगी में नहीं आ रहा हो।
हरेक चुनाव
एक छल हो घोटाला हो।
कुर्सियाँ विरासत में
मिल जाएँ वंशजों को
और लोकतन्त्र
धनतन्त्र होनेवाला हो।
बगुला के पंखों के
समान उजले हों तन
और मन कोयलों के
रंग से भी काला हो।
कोठी-कार, जर अपार
नेता को दिलाए जाएँ।

पीने हेतु हाला
गैर हिन्दुस्तानी वाला हो।
फाइलों के जबड़ों में
दम तोड़ें योजनाएँ
नारा बस्स दरिद्रता को
दूर कर देने वाला हो।

मुक्तक

(एक)

नदिया भी प्यासी है, किनारा भी तस्नालव
दोनों हैं मगर साथ, ये रिश्ता अजीब है।
पैसे के हुए रिश्ते पैसे की नमस्ते है—
पैसा है जिसके पास क्या वो खुशनसीब है?
बेटे के लिए लाखों माँगे दहेज में—
बेटी के लिए जब कि नतीजा करीब है।

(दो)

खत में जीवन-साथी लिखती,
पथ में दो पग साथ नहीं।
जरदारों में दिलदारों की,
दो कौड़ी औकात नहीं।
मरे न हम सपनों के संग भी
जरे न संग पतंगों के,
तेरे बिन हम नहीं जिएँगे—
ऐसी भी कोई बात नहीं।।

गीत

देश ले रहा है—
देश प्रेमियों का इम्तिहान
सब हों समान
असमानता हटाओ रे!
भूल जाओ
आज से अछूत या सछूत भेद।
आदमी हो
आदमी का रूप अपनाओ रे!
तारों से गगन को
बहारों से चमन को
तो जन से वतन को
नमन करवाओ रे!
मन्दिरों में, मस्जिदों में
पूजा ना, इबादतें पै,
मन के चमन बीच
प्रेम वाटिका बनाओ रे!
मानसिक दासता के
काट देउ बन्द आज
मुक्ति कामना के गीत
मेरे साथ गाओ रे!

कौन-सी सदी है और कौन-सा ज़माना?

कर्मशील देश के
भविष्य को बनाने वाले
अँधियारे घर–
उजाले बिखराना है।
मानवीय मुक्ति की
मशालें ले के निकले हो
कारवाँ को आगे–
और आगे ही बढ़ाना है।
तंग-दस्त, तंगहाल
भीम के दुलारे लाल
बहरहाल अब
बदलाव को बुलावा है।
स्वयं ही स्वत्व–
हेतु उठने लगेंगे जन
जैसे भी हो हर बाल–
बालिका पढ़ना है।
समता स्वतन्त्रता
की सार्थकता है तभी
बहन, बहू, बेटियों को
और आगे लाना है।
मंच पर दहाड़ने से
एकता बनेगी नहीं
आपसी लड़ाइयों के

मूल को मिटाना है।
भूखे-नंगे बेघर
दलित से तो पूछे कोई
यह कौन-सी सदी है
और कौन-सा जमाना है?
माँगने से भीख
भी नहीं है अधिकार कहाँ?
इन नेता, अभिनेताओं
का काम बरगलाना है।
मौसम दहेज का बनाए
ही रखेंगे तब तो
ज़िन्दा बहू-बेटियों
की अर्थियाँ उठाना है।
जाति, धन, धर्म
की विषमता रहेगी नहीं
भीम के सपूत
ऐसा भारत बनाना है।

(14 अप्रैल, 1988 : अम्बेडकर स्मारिका, मुरादाबाद)

दर्द समेट लिखा मैंने

गिरता, उठता चला
ज्ञान की कुछ ऊँचाई तक पहुँचा।
पर्वत राई लगा
स्वार्थ से ऊपर बैठ लिखा मैंने।
मादक लगी न रात
दुखों की, साधक लगीं न स्मृतियाँ।
सूरज ठंडा लगा
धूप-सा जलता साँच लिखा मैंने।
कामिनी-कटि से लिपट
श्यामल केशों को सुलझाना क्या?
इस रोमांटिक
ख़्वाब से ख़ुद को
अक्सर दूर रखा मैंने।
गीत चाँदनी पर
लिखने का
मन था पर मौका
तो न था
चाँद लगा रोटी का
टुकड़ा, भूखे पेट लिखा मैंने।
सारे जहाँ से अच्छा है
यह उस दिन कुछ सन्देह हुआ
शामिल होकर मजदूरों में
अपना रेट लिखा मैंने।
लिखना भी क्या
मजबूरी थी यह सब जान नहीं पाते
क़ातिल को लिख दिया मसीहा।
कृपण को दानी सेठ लिखा मैंने।

अंग्रेजों के बाद—
हमारे हक़ तो अपनों ने छीने
रहम-करम पर
ज़िन्दा रहना
है नहीं ग्रेट लिखा मैंने।
त्याग नहीं
बड़बोलापन है
कवि किस
लायक होता है?
अपना दर्द मिटा नहीं
जग का दर्द समेट लिखा मैंने।
कमरे में भी नहीं
कब्र में रह कर मैंने गीत लिखे।
लाशें भी जिन्दा हैं, हाँ
इस भ्रम के तहत लिखा मैंने।
वर्षों खोया रहा
खुदी में, वर्षों दिल बेचैन रहा
सागर उथला लगा
कि गम में गहरा बैठ लिखा मैंने।

(चन्दौसी : 1-5-1988)

दिल है

पिंजरा मुक्त
पखेरू बन्दी
स्वतन्त्रता–
क्या विडम्बना है?
दलित घरों में
अभी गुलामी
अँधियारा भी बहुत घना है।
कैसी चली समीर कि–
नूतन प्रतिभाओं के पंख झरे हैं।
यन्त्र लगा कर उड़े–
बैरियों की बोली में बोल रहे हैं।
दुख, अभाव–
अनदेखे कर दूँ
दिल है पत्थर नहीं बना है।
पिंजरा मुक्त
पखेरू बन्दी
स्वतन्त्रता
क्या विडम्बना है?

खिलाफ़

रोशनी कुछ तो कहेगी
अब अँधेरों के खिलाफ़
शोषकों की साज़िशें
जो हैं कमेरे के खिलाफ़।
मौत के माहौल में—
बदलाव के आसार हैं।
ज़िन्दगी के पक्षधर
सब एक हैं, तैयार हैं
एकजुट होकर लड़ेंगे—
सब लुटेरों के खिलाफ़।
छोटी जातों,
पर बड़ी जातों—
की जुल्मत बेशुमार।
जिन्दा दिल ज़्यादा—
समय करते नहीं हैं इन्तज़ार।
दलित शोषित
उठ खड़े—
नव शहनाओं के खिलाफ़।
वक़्त ख़ुद मजबूर—
कर देगा, कि सच्चाई चुनो।
फिर कलम खंज़र
बना लो, गीत में शोले भरो
दलित कवि
हर्गिज़ न लिखेगा
उसूलों के खिलाफ़।
अब घटाएँ देखकर
ऐसा हमें लगने लगा

बिजलियाँ कौधेंगी
अब की आसमानों के खिलाफ़।
देखकर मौसम
बदलता
मन की उदासी ने कहा
गुल चमन में
खिल रहे हैं बागवाँ के खिलाफ़।

(5 मार्च, 1986 : बरेली)

औरत

ये औरत—
ये मजूरिनी औरत
ये औरत
ये भिखारिनी औरत
राजधानी की
तंग बस्ती में
गँवा बैठी है
अपने ज़िस्म का
पाकीजापन।
पेट की आग में
यानी कि
तंगदस्ती में।
मन पै, किरदार पै—
आने नहीं देती धब्बा।
वे और हैं जो
मटकती हैं मौजमस्ती में।
ये लोग,
लोग सियासत वाले।
ये लोग—
लोग हैं, दौलत वाले।
उन्हें है फिक्र
इस ज़माने की।
ये कितने
रहमदिल हैं मत पूछो—
बात है भी नहीं बताने की।
यह कि ये
मुफलिसी हटाते हैं।

सिर्फ
बेबस
को बिछा लेते हैं
और ये चैन से सो जाते हैं।
पेट भरने के
पुरस्कार में वहशी अक्सर
साफ दामन में
स्याह दाग़ लगा देते हैं।

तैयारी

बुनियादी बदलाव
युगान्तरकारी
करना है तो कर लो
जीवन अर्पन
की तैयारी
गर्वोन्नत निज देशभाल
हम तब ही कर पाएँगे।
मात्र व्यष्टि को नहीं
समष्टि को मुक्ति गीत गाएँगे।
हैं अपूर्ण जो स्वप्न—
पूर्ण करने की वचनबद्धता।
सुख-दुख में—
सहभागी होना सीखे शोषित जनता।
ना कोई जात-पाँत
को पूछे, रहें न शोषणकारी
तब तो जीवन—
अर्पन की कर लो पूरी तैयारी।
आँखें चुँधिया रहीं—
सियासत ने बिजली फैला दी।
मगर अँधेरे में—
है दलित की सामाजिक आज़ादी।
बदला नहीं,
वर्णवादी मन बदली दुनिया सारी।
दिन दूनी और
रात चौगुनी
दुख-अग्नी को और हवा दी।

प्रभाती का बिगुल

देश की दरिद्रता से–
विवश मजूर लोग,
आधी नींद सोते और–
आधे पेट खाते हैं।
सुख-सुविधाओं पे
तिमिर का है साम्राज्य
जिजीविषा के दीप
हृदयरक्त से जलाते हैं।
करें हाड़ तोड़ काम
नहीं दाम, न इनाम
किन्तु कलमनवीस
कर्मठ कहलाते हैं।
मेहनती की हड्डियों पै
हो रही कबड्डी आज
सत्ताधारी प्रगति की
दौड़ बतलाते हैं।
सूखती फसल देख
रोवत किसान वृन्द
वे फाइलों में
भूख और दरिद्रता हटाते हैं।
बाढ़ का प्रकोप हो या
अग्नि का वीभत्स काण्ड
मन्त्री वायुयान से
निरीक्षण कराते हैं।
शत्रु हैं स्वदेश के
ये प्रगति विरोधी लोग
भाइयों को भाइयों

के विरुद्ध बरगलाते हैं।
गरज़ यह कि माली—
नहीं सुमन सँवार रहे।
देशवा को पतझर का
बाग किए देते हैं।
आशा थी कि सूरत
सँवार देंगे भारत की
वो तिल जैसी कमियों को
दाग किए देते हैं।
लाशें हुईं ज़िन्दगी को
ढो रहे करोड़ों लोग
मुट्ठी भर हैं जो 'जग'
नरक बनाते हैं।
आँख मूँद बैठने से
दृश्य बदलेंगे नहीं
आओ जी प्रभाती का
बिगुल बजवाते हैं।

ग़ज़ल

हाथों की लकीरों से ज़ेहन जोड़ दिया है।
आज़ाद फक़त आँख के जाले किये गये।।
मेरा वजूद डूब गया तीरगी में दोस्त।
मेरे किसी के नाम उजाले किये गये।।
कतरा रहे हैं लोग सच्चाई की राह से।
मैं चल पड़ा तो पाँव को छाले दिये गये।।
सोचा था ये निजात दिलाएँगे दर्द से।
ज़ख्मों को नहीं देखने वाले दिये गये।।
रावण बता के मार तो आए किसी को वे।
सीता से हमें देश निकाले दिये गये।।
अब ज़िन्दगी की प्यास बहुत तेज़-तर हुई।
तस्नालबों को टूटते प्याले दिये गये।।
वो कितने रहमदिल हैं भिखारिन से पूछिए।
बदले जिसे अस्मत के निवाले दिए गए।।
अफसोस यह नहीं कि हमें हक से कम मिला।
ग़म है कि गलत बाँटने वाले दिये गये।।

झंडा गीत

सिलसिला-ए-जुल्म को है बन्द करना
तो झंडा संगठन का बुलन्द करना
पक्ष या विपक्ष का सियासी कोई हो
खाली वोटबाज न पसन्द करना।
आज पच्चीस दिन-रात हो गये—
आधे पेट खाते आधी नींद सो रहे।
मन्त्री और सन्तरी कोई पूछता नहीं
लोकतंत्रवाला कोई दीखता नहीं—
नौ अमर शहीद यहीं सोये हुए हैं।
गोली से मरे हैं, कुछ खोये हुए हैं—
'रजबपुर' को 'जलियाँ' ब़ाग कर दिया
ख़त्म कई बहनों का सुहाग कर दिया।
वे गैर थे कि उनसे गिला नहीं हमें
पर अपनों से हक़ भी मिला नहीं हमें
सपने सुखों के दिखलाते रहे हैं
धर्म-जातियों में बरगलाते रहे हैं
वायदे उसूल बेनिभाए रहे हैं
चालीस बरस बर्बाद किये हैं।
इतने सताये इनके निज़ाम ने

अंग्रेजी जुल्म फिर याद हुए हैं।
ये ज़िन्दा जलती औरतों के जिम्मेदार हैं।
ये लाज लुटवाने वाले पहरेदार हैं
ये स्वयं ही दहेज को बढ़ावा दे रहे
बेरोज़गार बराबर हैं छले गये–
ये नारों से दरिद्रता हटाते रहे हैं।
राहतें गरीबों को पहुँचाते रहे हैं?
एक ही सवाल है किसान क्या करें?
कैसे बदलेगा हिन्दुस्तान, क्या करें?
सुख-दुख सबके लिए समान हों
देश में कहीं भी नहीं बेईमान हों
मशाल संघर्ष की जली सदा रहे
मेहनतकशों में बनी एकता रहे।
यूनियन पे पार्टियों की छाया न पड़े
बढ़ता कदम और आगे ही बढ़े।
रफ़्तार को न कभी मन्द करना
झंडा यूनियन का बुलन्द करना।

(भाकियू की महासभा : सी.डी.ए. ग्राउण्ड, मेरठ, 1988)

ग़ज़ल

वर्दियों का आतंक है, कुर्सियों के चर्चे हैं।
महफूज़ हैं कातिल, बेगुनाह मरते हैं।
आग लगी बस्ती में या बाढ़ में मकां डूबें
रहनुमां विमानों से बहुत कम उतरते हैं।
अधजली कोई औरत चीखती-तड़पती है
लोग घर के नीचे से बेख़बर गुजरते हैं।
लापता है आज़ादी, खो गया वतन मेरा
गुमशुदा नहीं हैं जो पेपरों में छपते हैं।
सबके दुख में हाज़िर थे, सबके जख़्म भरते रहे
वे नज़रे इनायत को, आज खुद तरसते हैं।
ख़्वाब भी गबन हो गये, रात जैसे दिन हो गये।
बादलों के मौसम में नैन क्यों बरसते हैं?
बिल में रहने वाले तो छेड़ने पै काटे थे—
नाग-पंचमी के दिन पूज लिए जाते थे।
पर ये रोज़ पुजते हैं, पाँच साल डसते हैं।
मुल्के मुफलिसी का ग़म अपने हमनशीं का ग़म
शायरों के सीने में सारे ग़म उतरते हैं।

गीत

आज़ादी की नयी रोशनी—
तुम्हें रास नहीं आयी, किसनवा लुट गयी तेरी कमाई।
रे किसनवा.........................
श्रम इतना कि सूख गयी काया।
ना कुछ अच्छा पहना-खाया
बिजली-पानी, खाद आदि की हर मुश्किल स्थायी।
रे किसनवा.........................
भारत जब आज़ाद नहीं था
कोई आदमी शाद नहीं था
तुम्हें अँधेरे तुमने खूँ से मुक्ति-ज्योति जलाई।
रे किसनवा.........................
गोरे गये, ये काले आये
खून चूसने वाले आये
फूट-फसाद वहाँ पहुँचे जहाँ इनकी गयी परछाईं।
रे किसनवा.........................
हम चालीस बरस तक सोये
लुटे-पिटे, तड़पे और रोए
धनी और निर्धन की इनने गहरी की है खाई।
रे किसनवा.........................
पूरब और पश्चिम में बाँटे
जाति और धरम में बाँटे
हमें लड़ा कर जयचन्दों ने अपनी ख़ैर मनाई।
रे किसनवा.........................
धनवानों के पढ़ें 'दून' में
तेरे अनपढ़ फिरें 'धूल' में

कुँवारी बिटिया बिन दहेज, मरी तेरी जोरू बिना दवाई रे।
रे किसनवा..........................
मुआफिक नहीं, निजाम है प्यारे
कहाँ चैन-आराम है प्यारे
बने बुद्ध से फिरें रहमदिल कातिल, क्रूर कसाई।
रे किसनवा लुट गयी तेरी कमाई।
भूमिहीन मजदूर जो जनता—
उसके दुख कोई नहीं सुनता।
भूमि सुधार, भूमिहद बंदी,
क्यों न यहाँ चल पाई—
नि-धनवा लुट गयी तेरी कमाई।
लुट गयी तेरी कमाई।।

(27-1-1988 से 21-2-1988 के बीच भाकियू पंचायत मेरठ में बार-बार गाया गया यह गीत।)

गीत

सब चले जाते हैं पतझर—
या कि हो मधुमय बहार।
देखती रहती हैं आँखें—
कारवाँओं के गुबार।
मन कभी होता प्रफुल्लित
और कभी होता उदास।
फूलती सरसों कभी,
झरते कभी हैं अमलतास।
दिन कभी सुखमय कभी
करते सितारे बेंकार। देखती रहती हैं आँखें....
फिर वही बीती हुई
यादें जलाती हैं चिराग
इश्क से ज्यादा है इनमें
अपनी मजबूरी की आग।
अश्क सावन की फुहारें
सिसकियाँ मन की मल्हार—2 देखती रहती हैं आँखें....
जानता हूँ आ नहीं—
सकता कोई मेरे लिए।
दर्द हैं सब जामे—
राहत हैं नहीं मेरे लिए।
पर मैं फितरत के मुताबिक
कर रहाँ हूँ इन्तज़ार—3 देखती रहती हैं आँखें.....
हों ज़मीनें संगदिल—
उलफत की फसलें क्या उगें?
ज़िन्दगी जद्दोज़हद हो
क्या चैन की चाहें जगें

है मगर आँखों में
बाकी कर-गुज़रने का खुमार—4 देखती..........
सब चले जाते हैं पतझर
हो कि हो मधुमय बहार
देखती रहती हैं आँखें कारवाँओं के ग़ुबार।

औरत की गुलामी

किसी आँख में लहू है–
किसी आँख में पानी है।
औरत की गुलामी भी–
एक लम्बी कहानी है।
पैदा हुई थी जिस दिन–
घर शोक में डूबा था।
बेटे की तरह उसका–
उत्सव नहीं मना था।
बंदिश भरा है बचपन–
बोझिल-सी जवानी है।
औरत की गुलामी भी–
एक लम्बी कहानी है।
तालीम़ में कमतर है–
बाहरी हवा ज़हर है।
लड़का कहीं भी जाए–
उस पर कड़ी नज़र है।
उसे जान गँवा कर भी–
हर रस्म निभानी है।
औरत की गुलामी भी–
एक लम्बी कहानी है।
कभी अग्नि परीक्षा में–
औरत ही तो बैठी थी।
होती थी जब सती तो–
औरत ही तो होती थी।
उसी ज़ुल्म की बकाया–

पर्दा भी निशानी है।
औरत की गुलामी भी–
एक लम्बी कहानी है।
कानून समाजों के–
एकतरफा नसीहत है।
जिसे दिल से नहीं चाहा–
वही प्यार मुसीबत है।
दौलत-पसन्द दुनिया–
मतलब की दीवानी है।
औरत की गुलामी भी–
एक लम्बी कहानी है।
अब वक़्त है वो अपने–
आयाम ख़ुद बनाये।
तालीम हो या सर्विस–
अपने हकूक पाये।
मिलजुल के विषमता–
की दीवार गिरानी है।
औरत की गुलामी भी–
एक लम्बी कहानी है।
ससुराल सताये फिर–
मुमकिन ही नहीं होगा।
स्टोव जलाये फिर–
मुमकिन ही नहीं होगा।
दिन-चैन के आएँगे–
यह रात तो जानी है।
औरत की गुलामी भी–
एक लम्बी कहानी है।

जीवन दाँव रे

शहरों के फुटपाथ रो रहे, अनपढ़ भूखे गाँव रे
मिली न असली हक़दारों को आज़ादी की छाँव रे।
बने स्वयं भू देशभक्त वो सत्ता जिनका ध्येय है।
बाग बहारों में क्यों उजड़ा, माली पर सन्देह है
सरमायादारों ने कर दी देश की जर्जर नाव रे।
मिली न असली हक़दारों को आज़ादी की छाँव रे।

जिधर देखिए, उधर दिखेंगे निर्धन, अपढ़ देश में
राहत कहाँ जाति-जुल्मों से ऋषियों के संदेश में
सती काण्ड, दलितों की हत्या, हो बिहार, पंजाब रे।
मिली न असली हक़दारों को आज़ादी की छाँव रे।

पेट-पीठ मिल एक रहे जो बरसा, सूखा, धूप में
संकट ही संकट आये हैं खुशहाली के रूप में
शोषणकारी नाग निठल्ले, पहुँच रहे हर ठाँव रे।
मिली न असली हक़दारों को आज़ादी की छाँव रे।

वर्दी-टोपी की मनमानी, पंडित-मुल्ला गढ़ें कहानी
मेहनत जिसकी ठगी व लूटी, दलितोत्थान हुआ बेमानी
कातिल बने मसीहा जैसे लख नज़दीक चुनाव रे।
मिली न असली हक़दारों को आज़ादी की छाँव रे।

जो सरकारी कलमकार हैं, रिश्वत जैसे पुरस्कार हैं
सच्चाई पर पटाक्षेप है, जनजीवन में अँधियार है
उठो संगठित होकर जूझो, भरो पुराने घाव रे।
मिली न असली हक़दारों को आज़ादी की छाँव रे।

मुक्ति दमन-शोषण से मुक्ति, खत्म सिलसिला लूट का
हम सब मिलकर के उखाड़ दें, मूल दमन और फूट का।
दलित क्रान्ति लक्ष्य, लगेंगे उसी पै जीवन दाँव रे!
तभी मिलेगी हकदारों को आज़ादी की छाँव रे।

गीत

मजदूर-किसानों के अधर यूँ ही कहेंगे।
हम एक थे, हम एक हैं, हम एक रहेंगे।।
मजहब धरम के नाम पर लड़ना नहीं हमें।
फिर्कों में जातियों में बिखरना नहीं हमें।।
हम नेक थे, हम नेक हैं, हम नेक रहेंगे।–1 हम.....
समता की भूख हमसे कह रही है अब उठो।
सामन्तों, दरिन्दों की बढ़ो, रीढ़ तोड़ दो।।
अपने हकूक दुश्मनों से लेके रहेंगे।–2 हम.....
कैसा अछूत-छूत क्या, हैं हिन्दू क्या मुसलमान।
यकसाँ हैं ज़माने के रफीको! सभी इन्सान।।
जो फर्क़ करेगा उसे जाहिल कहेंगे।–3 हम.....
फिर्कों से, जुबानों से तो ऊपर उठे हैं हम।
तूफान की रफ़्तार से आगे बढ़े हैं हम।।
मेहनत के हक़ के वास्ते लड़ते ही रहेंगे।–4 हम.....
हमको तो शहीदों की शहादत पर नाज है।
दलितों के खून में रँगा ये तख़्तो-ताज़ है।।
इस मुल्क को महफूज हमेशा ही देखेंगे।–4 हम.....
सदियों से पी रहे हैं सितमगर लहू के जाम।
मजलूम की तबाही बढ़ाता है यह निज़ाम।।
सहने को बहुत सह लिया बस अब न सहेंगे।–5 हम.....
दुनिया में कमेरों ने चमत्कार किया है।
नाकारों, निठल्लों ने सदा खून पिया है।।

इस जोंक सी फितरत को उभरने नहीं देंगे।–6 हम एक.....
समता, स्वतन्त्रता के नये गीत गाएँ हम।
इंसानी भाईचारे के डंके बजाएँ हम।
मेहनतकशों जहान के मिल बैठ कहेंगे।
हम एक थे, हम एक हैं, हम एक रहेंगे।।

(गणतंत्र विशेषांक : 'चन्दौसी टाइम्स', 1983)

टीचर

(एक)
उसे सौ रुपल्ली पकड़ाए
छः सौ पर दस्तख़त करावाए
कहने को मैडम-टीचर हैं
असल में बँधुआ मजदूरिन हैं।
गली-गली खुलती जाती हैं
स्कूलों की नयी दुकानें
थोक में सौदा है शिक्षा का
दाम वसूल करें मनमाने।

(दो)
पर सेवा में
पीढ़ी-दर-पीढ़ी
मशगूल रहे।
उनके लिए
मर मिटे जो
पग-पग पर
बन कर के
शूल रहे।
चलो कि अब
कुछ जागे तो हैं
अब कुछ
अपना ध्यान किया है।
अपनी मेहनत
अपनी इज्जत
अपना भी सम्मान किया है।।

किरायेदार

आ गया नववर्ष दिल में पीर पहली वर्ष की
कि ना सही जमीनदारी भवनदारी ही सही
बाद आज़ादी के यह कोशिश है मालिक यार की
कि बोटियाँ तक नोच ली जाएँ किरायेदार की।
जो कभी सामन्त थे अब भवन मालिक हो गये
वही विधायक, वही सांसद, देश के चालक नये
बात मंज़िल की करें ये पर नहीं रफ़्तार की।
बाद आज़ादी के यह कोशिश है मालिक यार की।
गर्दनें सूदों, लगानों से दबी जैसे रहीं
अब किराये की मदें सीनों पर पत्थर हो गयी
करके सहमत छीन लीं खुशियाँ दलित परिवार की
बाद आज़ादी के यह कोशिश है मालिक यार की।।
भूमि का राष्ट्रीयकरण, सब भवन हों सरकार के
इस तरह के प्रश्न संसद में हुए बेकार के
इस तरह आवास नीति क्यों नहीं तैयार की
बाद आज़ादी के यह कोशिश है मालिक यार की।
कि बेटियाँ तक नोच ली जाएँ किरायेदार की।।

चिठिया

चाँदसी की बिटिया ने चिठिया लिखी थी हमें।
ऐसी क्या लिखी थी जो कि जियरा रुलाती है

किरच-किरच सपनों का शीशमहल होता है,
तो टूटन निहार मेरी आँख भर आती है।
बाहर से लगता है मैं सुचैन में हूँ किन्तु
भीतर से कोई कविता सी अकुलाती है।
आँखन से दूर, मेरे जीवन से दूर किन्तु
ख़्वाबन में रोज-रोज आती और जाती है।
मृत्यु के वरन का विचार छोड़ देता हूँ मैं
अब तो रहेंगे प्रान आश बँध जाती है।
मैं ना 'कैस' 'रांझा' ना ही 'महीवाल' बन पाया
उसने लिखा था कि वो 'सोनी' हुई जाती है।

मात्र शब्द कल्पना थी जो तुम्हें सुनाई भ्रात
'अर्थहीन' कवि को कभी कोई नहीं चाहती है।।

गीत

हर चेहरा तेरे चेहरे में तब्दील हो गया री—2
होली में भर कौली न कोई न जश्न नना पाया।
दीवाली भी गयी न कोई दीप जला पाया—
पर दिल ऐसा जला लगा कंडील हो गया री।
हर चेहरा तेरे चेहरे में तब्दील हो गया री।
दूर नहीं होता कोई यदि दिल से दूर न हो
नज़र नहीं होती निर्मोही गर मजबूर न हो
आँख फिरी क्या? लगा फासला मील हो गया री
हर चेहरा तेरे चेहरे में तब्दील हो गया री।
तुझे भुलाने की कोशिश में कितने दर्द सहे—
और किसी के क्या अपने भी हो कर नहीं रहे
दिल में तेरी याद का काँटा कील हो गया री।
हर चेहरा तेरे चेहरे में तब्दील हो गया री।
चली गयी उम्मीद मुझे झूठा झाँसा देकर
टूट गया हर ख़्वाब मोहब्बत की हसरत लेकर
पलकों का हर कोना गीली-झील हो गया री
हर चेहरा तेरे चेहरे में तब्दील हो गया री।
अब तेरे घर आना-जाना कितना मुश्किल है
मुझको तेरा पड़ोस भी लगता ज्यों जंगल है
प्यार के दुश्मन देश का वाडर सील हो गया री
हर चेहरा तेरे चेहरे में तब्दील हो गया री।

आपातकाल

मौन रहना मौत जैसा,
झूठ का कहना बुरा है
बोलिए पर गर्दनों पर—
मानहानि का छुरा है।
लोग आ निकले सड़क पर—
और किससे आरजू है।
मुल्क नाजुक दौर में है—
प्रेस पर हमला शुरू है।
तू हकीकत कह रहा था—
लिख रहा था कलमकार।
और वह यूँ ही नहीं—
हासिल किया था स्वाधिकार।
तू खुलासा कर रहा
दरबार की भी ख़ासियत
दो नकाबी ज़िन्दगी सी
थी सियासी शख़्सियत
पूछता बदहाल हर—
अहले वतन है किसलिए?
क्यों 'करप्शन' बढ़ता जाता।
काला धन है किसलिए?
कौन जिम्मेदार
बेकारी के बढ़ते ज़ोर को?
काहे ताकतवर
दबाए जा रहा कमजोर को?
कौन दस्तक दे रहा
जम्हूरियत के द्वार पर

किसकी काली छाया है
यह आज के अख़बार पर?
यह विधेयक है, या
किस्तों में है आपातकाल
भाड़ में जाए इलेक्शन
जनवाद पहले हो बहाल।

(अमर उजाला : बरेली)

कहाँ है शरम?

इलेक्शन कुर्सी
पूँजी और हम
इतना ही सत्यम्
शिवं, सुन्दरम्।
सिस्टम बदलने
का दम हम भरें
जनवादी होने—
का दावा करें।
छपने या बिकने
का लालच नहीं
फिर किसलिए
घिस रहे हैं कलम—1—
इतना ही सत्यम्
शिवं सुन्दरम्
सामन्ती मूल्यों
को जीते हुए
रहे आत्मश्लाघा
के मद को पिए
जकड़ती हैं अदृश्य
ये बेड़ियाँ, कि
स्वारथ है ईश्वर
कि लालच धरम—2—
इतना ही सत्यम्
शिवं सुन्दरम्
जातीय सूचक
लगाएँगे हम

'सरनेम' बिन
जी न पाएँगे हम
जन्मना हैं ऊँचे
जताएँगे हम
मगर भेदभावों को
कर दें ख़तम
पैसे के बल पर
हैं जन प्रतिनिधि
बहुरूपियों को
कहाँ है शरम?
इतना ही सत्यम्
शिवं सुन्दरम्।।

भीम

था तिमिरमय गगन घोर हिन्दुत्व से
नाम समता-स्वाधीनता का न था।
शासकों, ग्रन्थकारों ने बाँटे थे हम
दूर तक ज़िन्दगी में उजेरा न था।।
ब्राह्मण स्वयं सर्वोपरि था बना
मात्र पैरों में स्थान था शूद्र का।
तब दलित बेड़ियाँ तोड़ने को उठे....
उनकी जानिब इशारा हुआ भीम का।।
नारियों की दशा थी पशु की तरह
बन्द थे द्वार शिक्षालयों के हमें।
इतनी होती थी बौछार अपमान की
हमको पिसना पड़ा, भूख में, प्यास में।।
हर दिशा 'माँ' की आँखों में आँसू रहे
हर हृदय को रही पीर अन्याय की।
दुष्ट उत्पीड़कों ने हना इस तरह
बन्द रखी जुबां, चीख भी, हाय भी।।
मुक्ति की प्रेरणा जिसका उच्छ्वास थी
हो गयी भीम की साधना बलवती।
पुर-खतर रहगुजर से गुजरते हुए
बेवफा मौत मंज़िल से पहले मिली।
किन्तु ए दलित जन तेरा दायित्व है
ख़त्म कर अपने मस्तिष्क की दासता।
ज्ञान पा, संगठित हो के संघर्ष कर
आपदाओं से मुक्ति का है रास्ता।।
झूठ, पाखंड, आडम्बरों को हटा

स्वप्न पूरे हों 'हरिहर'[1] के, औ भीम के।
आज 'श्यौराज' चेहरे पै मुस्कान क्या?
हैं नयन तो अभी वेदना से भरे।।
आजकल भी तो ज़िन्दा ही जलते हैं हम
माँओं, बहनों की इज़्जत सुरक्षित नहीं।
आज भी 'मनु' के वंशज हृदयहीन हैं
स्कूलों कॉलेजों से बहिष्कृत हैं हम।।
आज भी उच्च पद पर प्रतिष्ठित नहीं।
क्या स्वाधीनता मिल सकी है हमें
सौ में निन्यानवे उच्चशिक्षित नहीं।।
पद अवनति के अब भी तो मारे हैं हम।
कोई इंसानियत को समर्पित नहीं।
आज भी हम अपढ़, आज भी हम दुखी
आज भी हैं विषमता के विष को पिए
किन्तु विश्वास संघर्ष पर है हमें
हम उतारेंगे शोषण-दमन के जुए।।

(साप्ताहिक अम्बेडकर उजाला : 14 अप्रैल-1983, अमरोहा)

---

1. हरिहर= स्वामी अछूतानंद 'हरिहर'

ज़िन्दा लोग

धर्म जाति मज़हबों का
सिर पर रखे पुलिंदा लोग मिले
छिप-छिप कर बेईमानी का
करते धन्धा लोग मिले
लोग मिले उजले कपड़ों में
मन के काले लोग मिले
मरज़ मुफलिसी का फैलाते
पैसे वाले लोग मिले
नाम पै मन्दिर और मस्जिद—
के खाते चन्दा लोग मिले।—1
कुर्सी वाले, बंगलों वाले
खादी वाले लोग मिले
दहेजरोधक दस करोड़—
की शादी वाले लोग मिले
मतलब की बारूद से युग को
करते अन्धा लोग मिले।—2
भद्र, विनीत, स्वयं भू दिखते
देते दान गरीबों को
गौतम की नज़रों से देखते
दुनिया भर के जीवों को
मगर दलित इंसानों के
प्रति, बने दरिन्दा लोग मिले।—3
मरे कमेरा भूखा-प्यासा
उसकी पूछें बात नहीं
यहाँ उसूलों के पक्के की
दो कौड़ी औकात नहीं

सवर्ण सेठ की मृत कुतिया–
को देते कन्धा लोग मिले।–4
कभी पसीने में भीगे या
कभी उदासी में डूबे
बेहतर कल की रहे फ़िक्र–
में दौरेहाज़िर से ऊबे
मेहनत की खाते-खिलवाते
मुझको ज़िन्दा लोग मिले।।–5

गीत

दिल युग दर्पण मेरा है—मन युग दर्पण मेरा है।
आर्द्र नयन घन जग पर छाये।
अश्कों में ज्योत्सना नहाये।।
सुख सपने तारों से टूटे।
नींद-चैन की कैसे आये।।
भावों के विवाह का उत्सव,
आकर /मातम ने घेरा है।
दिल युग दर्पण मेरा है—मन युग दर्पण मेरा है।।
मोह प्रलोभन बढ़ता जाये।
दुखिया प्रीति-नीति वे साये।।
विमल सान्त्वना का सूरज भी।
दिन के होते डूबा जाये।।
जाग चेतना द्वारे तेरे—
प्रिय परिवर्तन का फेरा है।
दिल युग दर्पण मेरा है—मन युग दर्पण मेरा है।।
हर्ष गुलाब-अबीर नहीं है।
उर में होली-सी जलती है।।
सावन आँखों में ठहरे हैं।
मन झूलों पर व्यथा चढ़ी है।।
समता भाव के नूतन पथ पर
दुष्ट तुच्छता का डेरा है।
दिल युग दर्पण मेरा है—मन युग दर्पण मेरा है।।
ज्योति नर्तकी भव्य महल में।
भोग-विलाप भरे तन-मन में।।
इधर कुपोषण, शोषण, पीड़न।
क्रोध, घृणा, झगड़ा अनपढ़पन।।
परिश्रम की कुटीर में देखा नहीं उजेरा है।

दिल युग दर्पण मेरा है—मन युग दर्पण मेरा है।।
ज्ञान बुद्धि चिन्तन विवेक पर।
है विषाद कुंठा का शासन।।
बना हुआ सु-भिखारी-सा मन।
माँग रहा शासन से राशन।।
प्रतिनिधि आश्वासन,
अभिनय का सफल चितेरा।
दिल युग दर्पण मेरा है—मन युग दर्पण मेरा है।।

(12-11-82 : 'चन्दौसी')

बस दो

एक नारी दीन-हीन, बोली बालम प्रवीन
तन ख़ारिज़-मशीन, अंग-पुरजा भए क्षीन।
बच्चे पैदा भये तीन
अब विराम दो पिया।
ब्रह्मचारी हूँ न होना, डॉक्टर जी का कहना
बेटा-बेटी हो सलोना, कोई अन्तर तो है ना
चले स्वस्थ और सुजान
ही से नाम हो पिया।
वस्त्र, भोजन, मकान,
महँगे हो गये श्रीमान्
दलितों के दुख की रात
बड़ी जाति और जमात
क्यों अलग कायनात
हुई जात है प्रिया
बड़ी घात-प्रतिघात
इसे थाम दो पिया?
भूखा मरे शिशु प्यारा,
सूखी आँचल की धारा,
सब नियोजनाधीन
आगे गये रूस, चीन।
बिन पानी जैसे मीन
भई जात हम हों पिया।।
जो हैं भूमि, भवन पे हावी
उनके दस हों, नहीं खराबी

लेकिन जो हैं साधनहीन
केवल दो प्राणी तक हैं दीन
ये है शोषण-जुल्म,
बड़ा भारी संगीन
ये है सामने का सच तो
सच ही को मान लो प्रिया।

साक्षात्कार

साक्षात्कार देते वक़्त
उपस्थित थे शताधिक
पर चयन हुआ एक का
जो तय योग्यता शर्तें
भी नहीं करता था पूरी।
लेकिन उल्टे मुँह
लौट जाना था–
उम्मीदवारों की मजबूरी
यह सवाल
पीछा करता गया
कइयों के द्वार तक।
कि ऐसा क्या था
उस एक में?
इंटरव्यू बोर्ड
का एक्सपर्ट
किस जाति का था?
और विभागाध्यक्ष?
प्रिंसिपल और मैनेजर भी–
तो न थे उसी की जाति के
तो इससे
बड़ी कौन-सी
अर्हता थी जिसे–
पूरी नहीं करता था वह
जाति से बड़ा
और घटक ही क्या था?
उच्चस्तरीय-चयन
प्रक्रिया के इस प्रसंग में।

मुक्तक

यह ज़ालिमों ने
बनाई है
व्यवस्था कातिल।
हमारे लोग उठेंगे
इसे बदल देंगे
बहुत हैं हाथ और
बहुत हैं चिराग़।
कभी जलेंगे—
उजालों से
वतन भर देंगे।

सुन्दर

सुन्दर थी,
सचमुच सुन्दर थी।
पर उसका–
सौन्दर्य छिपा था
मेकअप के भोंडेपन में।।

सिर दर्द

सिर पर ढोयें
या हाथ-गाड़ी पर
मैला तुम्हीं
को ढोना है।
मैला हमारा
और सिर तुम्हारा
सुविधा हमारी–
समस्या तुम्हारी।
व्यथा, विवशता तुम्हारी
चूँकि सिर तुम्हारा
और स्वाभिमान जन्य
सिर-दर्द भी तुम्हारा ही है।
हम तो–
सिर पर ढुलायेंगे तब भी
और–
गाड़ी पकड़ाएँगे तब भी
तुम्हारे–
उद्धारक ही कहलाएँगे
भाषण देंगे,
तो अखबारों के मुखपृष्ठों–
पर छापे जाएँगे।
और यदि
गढ़ देंगे एक कविता भी
तो राष्ट्रीय चैनल
पर सुनाएँगे मोटे पुरस्कार पाएँगे।
तुम मगर–
गुनाह मत करना।

अपने अहसास
को लेकर कभी
न लिख-पढ़ना
फुले, अम्बेडकर
को भूलकर मत छूना।
वरन तुम बोल
ही दोगे कि, वही
उठाएँ जिसका मैला है
हमसे क्यों झमेला है?

देश में

आज़ादी के बाद देश में,
कितने नर्क बनाकर रक्खे।

ये हिन्दू हैं
वे मौमिन हैं
ये अछूत हैं
वे ब्राह्मन हैं
अनगिन फर्क
बनाकर रक्खे
आज़ादी के बाद देश में
कितने नर्क बनाकर रक्खे

इधर भूख है–
उधर अपच है
देश स्वतन्त्र–
गुलाम आदमी,
यह विडम्बना
कड़वा सच है।
सच भी बहुत छिपाकर रक्खे।

आज़ादी के बाद देश में
कितने नर्क बनाकर रक्खे।

मेहनत लूट
गरीबी बाँटी–
किसी की फसल
किसी ने काटी

सारे अन्तर ईश्वरकृत हैं
यही कुतर्क बनाकर रक्खे
आज़ादी के बाद देश में
कितने नर्क बनाकर रक्खे
नारी पाँव
की जूती रक्खी
सिर पर जाति
बिठाकर रक्खी
बन्धु भाव की
हत्या कर के
अर्थी मगर
सजा कर रक्खी
खौफनाक
सामन्ती साये
जुल्म आतंक
के साये रक्खे
आज़ादी के
बाद देश में कितने
नर्क बनाकर रक्खे।।

रौंद डालेगी जनता

तुमने माल—
मुफ्त के खाए
बिना कमाए
तुम धुंदलाए
जमा विरासत
के धन-बल से
तुमने छीन लिए
सपने भी
भीगे हुए नयन से
खुद भी हुए
अस्वस्थ कि तुमने
जीवनघाती
रोग ले लिया।
हमें भूख दे
खुद अजीर्ण से
मृत्यु को
नजदीक ले लिया।
स्वार्थ, लोभ और
मोह तुम्हारा,
देश को पीछे खींच रहा है।
कृपा तुम्हारी से
भारत में आने
लगी विदेशी सत्ता।
तुम को गरज
नहीं कि जमाना
अंतरिक्ष में पहुँच रहा है।
चेतो अपने लिए—

अन्यथा तुम्हें
रौंद डालेगी जनता।
दो सबके अधिकार
लड़ाई में हारोगे तुम्हीं अन्यथा।।

जड़ें

ऐ! वृक्ष
तुम छितराओ ज्यादा,
पर इतराओ कम।
नाज करो
अपनी लचीली टहनियों,
हरे पत्तों और बढ़ते दरख्तों पर।
ठहरी हुई बहार पर
ऊर्जादायी बयार पर
वक्त की
नज़ाकत को समझे बगैर
तुम गर्व करो
अपनी सलाखों जैसी
मजबूत शाखों पर।
और चाहों तो
फूलों और
विशालकाय विस्तार पर भी।
परन्तु हे वृक्ष!
तुम यह मत भूलो कि—
हम जड़ें
जब तक
तुम्हें सँभाले हैं
माँ के दूध की तरह
अपना श्रम सीकर पाले हैं।
अपनी सामर्थ्य
और शक्ति देकर
तुम्हें अपनी छाती
पर जब तक साधे हैं,

सँभाले हैं
तुम अभी तक,
खड़े हो उन्नत भाल किए।
आसमान की ओर ताकते हुए।
तुम्हें सितारे–
इतना लुभाते हैं कि–
नीचे हमारी ओर देखने भी नहीं देते।
फिर फर्ज अदायगी
करने का अहसास कैसा!
देखो ऊपर–
मगर, थूकना नीचे ही।
सूखे पत्तों की शक्लों में।
बदलना वस्त्रों की भाँति
नये पत्ते,
और नया हरापन लेकर।
किन्तु मत भूलना पतझर को भी।
सूखा और बरसात में
हम जड़ें ही हैं जो–
तुम्हारी समूची.
चिन्ताओं से जुड़ी हैं।
तुम्हारी जीवन्तता,
सार्थकता और आवश्यकता
यहाँ तक कि मृत्यु भी–
हमी से है।
बनती इमारतों–
की छतों के काम आये।
दरख्त तुम्हारे कहलाये।
और बाढ़ में–
उखड़ते गाँवों
को पकड़े रहीं
हम जड़ें! किसने पूछीं?
छाँव देने का श्रेय
हमें क्यों नहीं मिला?
भवन की बुनियाद

की तरह दूर से
चमकती जो नहीं हैं हम।
हम 'माँ' की
तरह ममतामयी
बहन की तरह स्नेहमयी
और बीवी की
तरह प्रेम से भरी रही हैं।
हमने तुम्हें
बूटे से वृक्ष बनने तक
हर समय,
हर स्थिति में
सहयोग किया है
और साथ दिया है,
तुम्हारा।
पर तुम्हें
अहसास तक नहीं
अपने साये में
पलने देना भी नहीं चाहते
नये पौधे भी,
कितने मतलबी हो तुम।

हम होने वाले सांसद हैं

खुदगर्जी—
से हैं ओत-प्रोत।
झगड़े-दंगों
के महास्रोत
हम दलबदलू,
हम बिके हुए
कोई सीखे हमसे
छल-फरेब
रग-रग में
अपने भरे ऐब
सब फर्ज-उसूल नदारत हैं।
हम होने वाले सांसद हैं।
जनसेवा का व्रत लेते हैं
स्याह को सफेद कर लेते हैं।
हर कद पै सवारी गाँठेंगे।
माना कि—
सियासी कम कद हैं।
हम होने वाले सांसद हैं।
बस एक-एक वोट की भीख मिले
कोई धन-दौलत की चाह नहीं।
छोटी-सी तमन्ना कुर्सी की—
इस पर तोहमत कि पिये 'मद' हैं।
हम होने वाले सांसद हैं।
हम हैं तो—
अछूतों, महिलाओं की
इज्जत का वजूद भी है।
वरना तो—

हरेक गाँव 'मेहराना'।
कहने को वतन आज़ाद भी है
फिलहाल हमारे होठों पर।
'बाबा' और 'राम', 'मोहम्मद' हैं।
हम होने वाले सांसद हैं।
महँगाई, तबाही बढ़ती रहे।
जनता आपस में लड़ती रहे।
मण्डल औ' कमण्डल चलते रहें।
दलितों के गाँव-घर जलते रहें।
सिंकती हैं सियासती की रोटी।
यह देख के हृदय गद्‌गद हैं।
हम होनेवाले सांसद हैं।
बेटों को विरासत में कुर्सी
पोतों को जखीरे दौलत के।
सब कुछ लेकर निर्लिप्त हैं हम।
एक बार चुने फिर चुनते गये।
वोटर तो हमीं से सहमत हैं।
हम होने वाले सांसद हैं।

एक आत्मालाप

तेरी कहानी—
लिखता कौन?
दुश्मन मुखर—
दोस्त थे मौन।
तू खुद पशुवत्—
ही था मूक।
उसे शब्द दे
शक्ति दे
तेरे भीतर
है जो हूक।
बीत गये युग—
सहते-सहते
जुवां मिली है
अब तो कह दे
क्षमा नहीं
इतिहास करेगा
अब भी समय—
गया यदि चूक।
वरना तू—
कैसा आज़ाद?
चिन्ता-शिकवा
बे-बुनियाद।
जैसे दुश्मन
वैसे ही मीत
रिश्ते हो—
गये परम पुनीत।

मैं 'माँ' हूँ

सारा का सारा
आसमान छान लेने के बाद।
कल जब,
थक जाएँगे पंछी के पंख।
या पतवार पर
नाविक के हाथ, सारा
समुद्र तैर कर रुक जाएँगे।
और तुम्हारी आँखें भी–
सारी दुनिया देख कर बन्द
होने लगेंगी।
शायद तब आप
फुरसत में होंगे।
सोचेंगे क्यों–
तुम्हारे पुत्रत्व हक में
मैं जो कर सकती थी
वह सब
करने की फुरसत नहीं मिली।
थके तुम और
थकी मैं भी
परन्तु तुम–
दुनिया की भागदौड़ में।
और मैं–
घर की चारदीवारी में।
निश्चित धरती और–
सीमित आसमान के नीचे।
मैं सिमट कर रह गयी।
जानते हो क्यों
क्योंकि मैं 'माँ' हूँ।

नज़्म

मत माँगो, स्वतन्त्र निर्वाचन—
बचने दो बापू का जीवन।
मिलने दो स्वराज भारत को
मिल कर तोड़ो सभी,
दासता के बन्धन को।
हम साक्षी हैं, आज़ादी में—
दलितों के अधिकार मिलेंगे।
घर भीतर के मसलहतों को—
घर भीतर, हम हल कर लेंगे।
आज़ादी में समान अवसर—
पूरा-पूरा, प्यार मिलेगा।
राग-द्वेष सब बिसरा देंगे।
नयी सुबह में
नये गीत का तार मिलेगा।
'फाइव ग्रेट'[1] ने
हम सब को आश्वस्त किया था।
लेकिन देश स्वतन्त्र हुआ तो,
किस को याद रहे वे वायदे?
किसने कहा कि—
दलितों की हत्याएँ रोको।
किसने कहा कि इन्हें पढ़ाओ—
भूमि दो, आवास इन्हें दो।
ऐ—बापू की आज़ादी को खाने वालो—
बापू के संकल्पों की भी कुछ तो जिम्मेदारी लो।

---

1. फाइव ग्रेट=गाँधी जी की ओर से पूना समझौता के साक्षी महाकवि रवीन्द्रनाथ टैगोर मान.श्री राजेन्द्र प्रसाद आदि पाँच महान व्यक्तित्व।

पर तुमने उन इच्छाओं के
बिल्कुल ही विपरीत किया है
दलित जनों के असन्तोष को,
अविश्वास को, तुमने मौका
खूब दिया है।
अब तुम अपने
लिए सुरक्षित
जगह ढूँढ़ लो।
तुमने अपनी
बुरी मौत का खुद ही
तो सामान किया है।

हमसे से बाउम्मीद

खाने-जीने
की चीज़ों पर
पुश्तैनी स्वामित्व तुम्हारा।
हड्डियाँ धुनता—
कमाता
मर गया पुरखा हमारा।
जिसने मुर्दा मांस खाया
रह गया—
ज़िन्दा तुम्हारे काम आया।
तुमने खाया देश—
परजीवी निठल्लो
तुम हमारे प्यार
के काबिल कहाँ हो?
किन कमीनी—
फितरतों पर फूलते हो?
श्वेत पोशाकों में नंगे हो चुके हो।
तुमने आज़ादी—
को बन्दी है बनाया—
तुम लुटेरे हो कि
चिह्नित हो चुके हो।
बोझ धरती पर
तुम्हारे स्वार्थों का
हक क्यों, मारा गया,
दलित का, मेहनतकशों का
उनको यह एहसास—
बागी कर न डाले।
हमसे बाउम्मीद है संसार सारा।

नेल्सन मंडेला को

वह अश्वेत मानवता का प्रतीक जीवन
तिल-तिल होता कारा में जिन्दा शहीद
गोराशाही विरुद्ध अफ्रीकी गर्म हवा
तूफान बनी दुनिया की हरने लगी नींद
अब रंगभेदी नीति होगी नेस्तनाबूद
भूमण्डल पर आज़ादी की है नयी गूँज
इतिहास जन्म ले रहा नये संघर्षों में
ध्वनि हथकड़ियों की जगा रही गूँज-गूँज
इंसाफ-तलब कह रहे कि वही पुकार रहे हैं
कवि भाव दीप मंडेला की आरती उतार रहे हैं।।

जिन्दाबाद किसान यूनियन

कर्मूखेड़ी में गोली से और मेरठ में धरने पर
आगे बढ़े किसान 'रजबपुर', दिल्ली में मरने पर
भेदभाव को छोड़ एकता अपनी बना रहे हैं
जिन्दाबाद किसान यूनियन नारे लगा रहे हैं
लगने लगा कि अब उनके सपनों का देश बनेगा
आज नहीं तो कल दलितों के प्रति भी मन बदलेगा।।

जहानाबाद में मरने वालों की याद

जब भी दलित मुक्ति की वे चर्चा दोहराते हैं
मुझे 'जहानाबाद' में मरने वाले याद आते हैं
वही जिन्हें सामन्तों की सेनाएँ निगल गयी हैं
गवर्नमेंट की बनी योजनाएँ हो विफल रही हैं
समय रहे इन हालातों का अगर न हल निकलेगा
पता नहीं इतिहास देश का भाग्य किधर पलटेगा!

खुदकुशी

(मार्क्सवादी कवि गोरख पाण्डे के नाम)।

तुम्हारी मौत मोहब्बत की मौत लगती है
तुम्हारा गम था कि लानत अमीरे दुनिया पर
तुम्हारा ज्ञान रोशनी का हमसफर बेशक
सफर का हश्र की पत्थर सा लगा है दिल पर
तुम जहाँ थे वहाँ इन्सानी फूल खिलते हैं।
तुम्हारे वास्ते सचमुच बहार थी पतझर
तुम्हारे पास नर्मदा थी गंगा, कावेरी
बही न एक भी जीवन के मरु में आकर
तुम्हारी प्यास जरूरत की प्यास थी गोरख
डसा तन्हाई की नागिन ने दिल को तड़पा कर।
हसरते इंकलाब, दिल में धड़कने ठहरीं
आँख खुलते समाजवाद का सपना रोया
गर्दिशें लाख पर जमीर का सौदा न किया
गँवा दी जान कवि-कर्म पर धब्बा न लिया।
जब 'बँटा-बँटीं' इज्म नीतियों में हैं नदियाँ जैसे
रहा विचार तो धाराओं के संगम की तरह
माल जज्बात का क्या जरपसंद दुनिया में
हमारे दिल में जगह आपको परचम की तरह
ये गुल की मौत नहीं, वो तो चमन को अर्पित
मुझे ये मौत बहारों की मौत लगती है।
कवि सभी का पर उसका तो एक नहीं
मुझे ये मौत सहारों की मौत लगती है।

नया समाज नया आदमी बनाने चला?
खुद की साँसों से बुझ गया चिराग कैसा जला
खुद सच्चाई ने गले डाल लिया था फंदा
मुझको लगता है सच्चाई ने खुदकुशी की है।

(30-1-1989)

मंडेला, जय भीम

आज छह दिसम्बर है,
हर अखबार में मंडेला के
गुजर जाने की खबर है।
रंगभेद के खिलाफ़—
रंग की समानता।
मुक्ति, आज़ादी और
डेमोक्रेसी की सफलता
और आज ही तो
वर्णभेद के विरोध में
समता संविधान के जनक
ने अलविदा कहा था
नस्ल और जातिभेद
देश दुनिया में कहीं भी
न हो मानवाधिकार का हनन
इसलिए सदा याद रहेंगे मंडेला-
अम्बेडकर सब दिन

(6 दिसम्बर 2013)

हर कली पर है उदासी, बेखबर है बागवां

मुरादाबाद, 26 जून गत दिवस यहाँ हिन्दू कॉलेज में युवा कवि श्यौराज सिंह बेचैन की कृति 'नई फ़सल' के विमोचन कार्यक्रम के अवसर पर एक विशेष कवि गोष्ठी का भी आयोजन किया गया, जिसमें प्रख्यात गीतकार माहेश्वर तिवारी ने बेचैन के संग्रह की खास कविताओं की खास पंक्तियाँ अपने मुखारविंद से पढ़ीं–
भगत सिंह का 'पैगाम' शीर्षक से पढ़ा/जंग के इतिहास में जो श्रेष्ठतम बलिदान है/जिनके आत्मोत्सर्ग से आज़ाद हिन्दुस्तान है/मुक्तक
'आवरण ही नहीं आचरण देखिये,
फिर नयी योजना का चरण देखिये।
इससे पहले कि चुनिये कोई रहनुमा,
है जरूरी कि अन्तःकरण देखिये।'

गोष्ठी में सर्वेश चन्दौसवीं ने कहा–
लवों पर जान रखी है उसे खबर कर दो
सलाखें चूम रहा है जो कैदखाने की,
सजा उसी की बड़ी है उसे खबर कर दो।

कृष्ण कुमार 'नाज' ने पढ़ा–
ज़ख्म देते हैं मुझे और भुला देते हैं,
इस तरह रोज मोहब्बत की सजा देते हैं।
मन के घोर अंधेरों से तुम न घबराओ,
ये उजालों के ठिकाने का पता देते हैं।

राकेश शर्मा ने तरन्नुम में गाया–

कहो बात फूलों की क्यों कर रहे हो,
अरे तुम तो काँटों का बिस्तर रहे हो
नहीं भूलना तुम ये मन्दिर के देवों
कई साल सड़कों के पत्थर रहे हो।

डॉ. भूपति शर्मा जोशी ने अपनी रचना इस प्रकार पढ़ी–

अभी तो शेष है रजनी,
विदा तारों से कैसे लूँ।
अभी सोई नहीं सजनी,
विदा हारों से कैसे लूँ।

और राजीव सारस्वत की ये पंक्तियाँ–

ये समझौते की ज़िन्दगी जिये जा रहे हैं हम,
आपत्तियों के विष को पिये जा रहे हैं हम। (काफी सराही गयीं)

माहेश्वर तिवारी ने अपने कविता पाठ से पूर्व 'नई फ़सल' से उद्धृत किया– देश को डुबाने, मझधार लेके जाने वाले, देश को बचाने की दुहाई दे रहे हैं आज। कृषकों के हित में, नहीं हैं कृषकों की माँग, काले अंग्रेज, साफ-साफ कह रहे हैं आज।। (पृष्ठ 33 पर) 'देश ले रहा है, देशप्रेमियों का इम्तिहान, सब हैं समान, असमानता हटाओ रे। कृति के पृष्ठ 44 से पढ़ा– 'कतरा रहे हैं लोग सच्चाई की राह से, मैं चल पड़ा तो पाँव को छाले दिये गये। अफसोस यह नहीं कि हमें हक से कम मिला, गम है कि गलत बाँटने वाले दिये गये।।' 'खिलाफ़' शीर्षक रचना से लिया– 'रोशनी विस्तार लेगी, अब अँधेरों के खिलाफ साज़िशें नाकाम होंगी, हैं कमेरों के खिलाफ, रुत बदलती देखकर दिल ने कहा–गुल चमन में खिल रहे हैं बागवाओं के खिलाफ।।

इसके बाद कवि श्री तिवारी ने अपनी रचनाओं का पाठ किया– ये बनाया जायेगा अब देवताओं का नगर, और मारे जाएँगे वे लोग जो इंसान हैं, एक नुमाइश से नहीं बेहतर है ये दौरे निजाम, आदमी की हम कहीं खोई हुई पहचान हैं, कहीं संगीन का पहरा, कहीं चाकू का डर, हम घरों में कैद या लूटे गये सामान हैं।

श्यौराज सिंह बेचैन ने कहा– फिर अँधेरे की परत होने लगी ज्यादा घनी, सिर पकड़ कर रो रही है, ज़िन्दगी की रोशनी। बाग की आवोहवा बोले कि आज़ादी कहाँ? हर कली पर है उदासी बेखबर है बागवां।।

कवयित्री किरन शर्मा ने कहा–'मुझको लगता नहीं बसन्त आ गया है।'

जय सिंह जिम्मी ने कहा–देश रोबोट कम्प्यूटरों पर चढ़कर 21वीं सदी में जा रहा है।

इनके साथ ही श्योनाथ शर्मा, विभूति शर्मा, विजय आलम, पारस अमरोही, विनोद कुमार दत्ता, मुशर्रफ अली, मूलचन्द, ओमप्रकाश शर्मा आदि ने भी गोष्ठी में भाग लिया। संचालन सर्वेश चन्दौसवीं ने तथा अध्यक्षता प्रो. महेन्द्र प्रताप ने की।

(अमर उजाला : 27 जून, 1989)

❑❑